Eine Kuh macht Muh, viele Kühe machen Mühe. Vom Kalauer bis zum geistreichen Aperçu reicht das Spektrum der Sprachwitze in diesem Buch. Sprachwitze sind Witze, die aus sprachlichen Gründen witzig sind; es sind witzige Spiele mit der Sprache. Dabei kann ein elaboriertes Instrumentarium rhetorischer Techniken ebenso zum Einsatz kommen wie einfachere Figuren, die zuweilen sprachliche Grobheiten oder Albernheiten sind. Auf jeden Fall appellieren diese Witze immer an unser Sprachbewusstsein, und aus den besseren unter ihnen lässt sich manches lernen.

Hans-Martin Gauger, emeritierter Ordinarius für Romanische Sprachwissenschaft an der Universität Freiburg, ist einer der renommiertesten deutschen Sprachwissenschaftler. Bei C.H. Beck ist von ihm lieferbar: *Das ist bei uns nicht Ouzo. Sprachwitze* (2007) und *Das Feuchte und das Schmutzige. Kleine Linguistik der vulgären Sprache* (2013).

Hans-Martin Gauger

Na also, sprach Zarathustra

Neue Sprachwitze

C.H.Beck

Für meine drei Bonner –
Adrian und Lena und Jana

Originalausgabe

© Verlag C.H.Beck oHG, München 2014
Gesetzt aus der ITC Legacy Serif im Verlag
Druck und Bindung: Druckerei C.H.Beck, Nördlingen
Umschlaggestaltung: Geviert Grafik & Typografie
Umschlagabbildung: Unter Verwendung einer Zeichnung
von Shutterstock
Printed in Germany
ISBN 978 3 406 65931 7

www.beck.de

Sprechender Keiler

Tief im Hofoldinger Forst bei München wird ein Förster von einem großen Keiler angegriffen. Der Förster, ein geübter Sportler, rennt davon, der Keiler rennt ihm nach. Der Förster hält lange durch, schließlich ermüdet er aber doch. Da bleibt er einfach stehen und hält sich die Augen zu. Es geschieht nichts. Der Förster nimmt die Hand langsam wieder von den Augen, dreht sich vorsichtig um und sieht das Tier keuchend vor sich stehen. Da sagt der Keiler: «Packma's wieda, Herr Obaföfsta!»

Sprechender Hund

Ein Mann betritt in New York eine Bar mit einem Hund. Der Mann möchte gerne etwas trinken, hat aber kein Geld. Da verhandelt er mit dem Barkeeper: Er habe einen Hund, der sprechen könne, das sei doch etwas! Ob ihm dies einen Drink wert sei. Der Mann hinter der Bar traut der Sache nicht, sagt aber doch: «Na schön, legen Sie mal los!» Der Hundehalter fragt den Hund, der natürlich nur Englisch kann: «Was ist oben auf einem Haus?», «What is on the top of a house?» Der Hund überlegt nicht lange und sagt «Ruff», was ja dem Wort für Dach im Englischen, also *roof*, ungefähr entspricht. «*Ruff, ruff*», sagt der Barkeeper gelangweilt, «das kann doch jeder Hund, purer Zufall!» Der Hundebesitzer macht einen neuen Anlauf und fragt: «Was geschieht mit der Haut, wenn man lange an ihr reibt?» Da macht der Hund *raff*, was dem englischen Wort ‹rough› für ‹rau› ziemlich gut entspricht. Wieder ist aber der Barmann unzufrieden: «*Ruff, raff*, hören Sie mal – das ist doch kein Sprechen!» Der Mann mit dem Hund stellt nun eine schwierige Frage, die hochkulturelles Wissen voraussetzt: «Also, wie heißt der größte moderne Komponist für

Chöre?» Der Hund überlegt kurz und sagt: «Orff». Da platzt dem Barmann der Kragen: «Nun ist aber Schluss! *Ruff, Raff, Orff* – das ist doch ein Hund wie jeder andere! Das sind doch normale Hundelaute! Also raus mit euch!» Wie nun beide wieder draußen im Regen stehen, fragt der Hund zerknittert seinen Herrn: «Hätt' ich Strawinski sagen sollen?» (Diesen Sprachwitz – es ist einer, weil er sich auf einen sprechenden Hund bezieht – erzählt Helmuth Karasek in seinem Buch «Soll das ein Witz sein?».)

Oliver Kahn

In Oliver Kahns Erinnerungen findet sich der geniale, auch (aber dies wollte Kahn nicht) sprachwitzige Satz: «Die Trennung von meiner Frau hatte mit ihrer Person nichts zu tun.» Der Kritiker Denis Scheck sagte dazu, der Satz beweise, dass der famose Torhüter das Buch selbst geschrieben habe, weil ein solcher Satz einem Ghostwriter nie hätte unterlaufen können ...

Vier Beine

«Kennst du einen Heiligen mit vier Beinen?» – «Mit vier Beinen, einen Heiligen?» – «Ja, der Heilige Stuhl.»

Bibelspruch

Ein Stier reißt sich einem Bauern, der mit ihm vor einer Kaserne steht, von der Leine und rennt durch das weit geöffnete Tor in den Kasernenhof hinein. Mit erheblicher Mühe wird er von den Rekruten, unter denen zum Glück auch ein Bauer war, wieder eingefangen. Der Feldwebel, der die Aktion geleitet hatte, fragt einen der Rekruten, der Pfarrer und immer schnell mit Bibelsprüchen zur Hand ist, ironisch: «Na, Herr Pfarrer, fällt Ihnen da auch ein Bibelspruch ein?» – «Zu Befehl, Herr Feldwebel», sagt dieser, «Johannes 1, Vers 11.» – «Ja, und was steht da?» – «Also da steht: ‹Er kam in sein Eigentum, aber die Seinen nahmen ihn nicht auf.›»

Bouletten

Ein Gast in einem Berliner Restaurant ist unzufrieden mit den Bouletten, die er bestellt hat. «Die Bouletten waren auch schon besser!», beschwert er sich schließlich maulend beim Kellner. Darauf der Kellner: «Aber nicht bei uns!»

Weltreise

Der gewaltige bayerische Komiker Gerhard Polt: «Wir haben heuer mal eine Weltreise gemacht. Aber ich sag's Ihnen gleich, wie es ist: Da fahren wir nimmer hin.»

Rettig

«Mit diesem Rettich erdolch ich dich!», rief der Schauspieler aus. Er hätte aber, so stand's in seinem Text, sagen sollen: «Mit diesem Dolch errett' ich dich!»

Glatz

Ein Schulrat nimmt an einer Lehrprobe teil. Er prüft also den Lehrer. Der Lehrer fragt einen Schüler nach dem Namen Glatz, also dem einer Landschaft in Niederschlesien (heute zu Polen gehörend). Der freundliche Schulrat will dem Schüler helfen und zeigt auf seine Glatze. Der Schüler antwortet strahlend: «Die Lausitz!»

Das fliederfarbene Pferd

«Haben Sie schon mal ein fliederfarbenes Pferd gesehen?» – «Fliederfarbenes Pferd? Unmöglich!» – «Nun, es gibt auch weißen Flieder.»

Schopenhauer

Thomas Manns – durch gewaltige Erbschaft – sehr reicher Schwiegervater, der Mathematikprofessor Alfred Pringsheim in München, war ein glühender Wagnerianer. Einmal, in einem Lokal, ergab sich ein Streit zwischen ihm und einem Tischnachbarn über Richard Wagner. Im Zorn schlug der Wagner-Verehrer seinem Kontrahenten einen Bierseidel auf den Kopf. Man nannte ihn darauf den «Schoppenhauer».

Von der Hand in den Mund

Die Pringsheims waren jüdischer Herkunft, sie waren aber völlig assimiliert, das heißt, sie waren schlicht Deutsche. Unter den Nazis mussten sie nach und nach alles verkaufen, bis sie endlich, in allerletzter Minute, in die Schweiz emigrieren konnten. Alfred Pringsheim hatte viele Gemälde und die größte *Majolika*-Töpferwaren-Sammlung der Welt. «Wir leben jetzt», pflegte er damals zu sagen, «von der Wand in den Mund.»

Freudsche Versprecher

Diesen Versprecher habe ich selbst gehört. «Ich freue mich ganz besonders», sagte der Redner seinen Vortrag einleitend, «über die Anwesenheit von Herrn Dr. Müller, der die Ehre hat, mein Vorgänger zu sein.» Natürlich wollte der Redner sagen:

«dessen Nachfolger zu sein, ich die Ehre habe». Warum aber – da lauert der Freudsche Verdacht – hat er nicht gesagt, was er tatsächlich sagen wollte? Übrigens setzt der Ausdruck ‹Freudscher Versprecher› voraus, dass es auch andere Arten von Versprechern gibt, nicht jeder, natürlich, ist ‹Freudsch›.

Ashleigh Ellwood Brilliant

Ashleigh Ellwood Brilliant, geboren 1933, war ein Denker der Hippie-Bewegung in San Francisco, woher sie ja kam. Er selbst kam aus London. Er ist berühmt für seine epigrammatisch knappen Äußerungen. Eine von ihnen, die, weil auch sprachwitzig hierher gehört (ich finde sie überhaupt witzig), lautet: «Ich verstehe dich nicht. Du verstehst mich nicht. Was haben wir sonst noch gemeinsam?» Manche dieser Äußerungen sind Titel von ihm: «Möglich, dass ich nicht völlig perfekt bin, aber Teile von mir sind ausgezeichnet», «I may not be totally perfect, but parts of me are excellent and other Brilliant thoughts» (1979) oder «Wir sind durch so vieles zusammen hindurchgegangen, und das meiste davon war deine Schuld», «We've been through so much together and most of it was your fault – more and more Brilliant thoughts» (1990).

Weiteres Beispiel (auch von mir gehört).

Ein offizieller Redner, seine kleine Ansprache abschließend, die er bei der Geburtstagsfeier für die achtzig Jahre alt gewordene Schriftstellerin Ingeborg Hecht hielt, sagte: «Noch einmal also, verehrte Frau Hecht, ich gratuliere Ihnen sehr herzlich zu Ihrem 65. Geburtstag!» Als sich wohlwollendes Gelächter erhob, fügte der Redner seinerseits lächelnd hinzu: «Ich entschuldige mich für diesen Freudschen Verbrecher!»

Reime – gegen die Sprache erzwungen

In der Kammer, still und donkel,
Schläft die Tante bei dem Onkel.
(Wilhelm Busch, «Fromme Helene»)

**Weitere (und nun gleich vier)
erzwungene Reime**

Golo Mann berichtete in einem Vortrag über seinen Vater von einem wunderschönen (nicht gedruckten und leider verschwundenen) Buch, das in seinem Elternhaus war und von Thomas und Heinrich Mann verfertigte Verse mit illustrierenden Zeichnungen enthielt. Eine Ballade daraus, «Baron Tobias», blieb dank des guten Gedächtnisses Golo Manns und seiner bis ins hohe Alter bewährten Bereitschaft und Fähigkeit, auswendig zu lernen, erhalten. In jenem Vortrag zitierte er dieses in seiner Art ziemlich perfekte Gedicht. Es nimmt an einer Stelle auf die Zeichnung Bezug, die zu ihr gehört («Seht ihr auf jenem Bilde dort»), und es ist durchaus sprachwitzig, auch gerade wegen der vier erzwungenen und also nur in komischer Verwendung möglichen Reime.

> Baron Tobias ging zu Bette,
> Doch plötzlich wurd er leichenfahl,
> Er lauschte bang, er hörte Schrette
> Im angelegenen Ahnensaal.
> Er ging, denn er war keine Memme,
> Und lang und weißlich stand es da
> Und sprach und sprach mit hohler Stemme:
> «Huhu, ich bin deine Großmama!»
> Baron Tobias schlug zur Erde,
> Vor Schrecken kalt, er sprach kein Wort,

> Jedoch, des Ärmsten Angstgebärde
> Seht ihr auf jenem Bilde dort.
> Des Morgens fanden ihn die Leute,
> Sie weckten ihn, mit Mühe gelang's,
> Des Mittags starb er, eine Beute
> Des grausigen Evenements.

Der letzte Reim setzt die norddeutsche Aussprache des französischen Nasals als *-ang* voraus. Übrigens wurde diese seinerzeit sogar (und meist natürlich aus Spaß) auf nicht-französische Wörter ausgedehnt, etwa wurde Telephon als *Telephong* gesprochen.

Noch so was
(ziemlich bekannt, Autor aber unbekannt)

> Eine Wassermaus und eine Kröte
> Stiegen eines Abends spöte
> Einen steilen Berg hinan.
> Sprach die Wassermaus zur Kröte:
> «Warum gehst du abends spöte
> Diesen steilen Berg hinan?»
> Sprach zur Wassermaus die Kröte:
> «Zum Genuss der Abendröte
> geh' ich diesen Abend spöte
> diesen steilen Berg hinan.»
> Dies ist ein Gedicht von Goethe,
> das er eines Abends spöte
> auf dem Sofa noch ersann.

Palmblätter

Karl Friedrich von Gerok, der von 1815 bis 1890 lebte und als Prälat und Oberhofprediger in Stuttgart endete, war seinerzeit ein berühmter Dichter. Besonders bekannt war, vor allem in evangelischen Familien, sein Gedichtband «Palmblätter» (1857), der zum Beispiel auch in Thomas Manns «Buddenbrooks» erwähnt wird. Man bekam ihn immer und oft in mehreren Exemplaren zur Konfirmation. Da gab es nun den folgenden Scherz: Was unterscheidet in dieser Hinsicht ein (pardon!) Negerkind in Afrika von einem deutschen Kind? Nun, das deutsche bekommt zur Konfirmation die «Palmblätter» von Gerok, das Negerkind einen Gehrock von Palmblättern.

Museum

Die sogenannte Laokoon-Gruppe ist ein berühmtes großes Standbild aus der Antike. Gespräch im Uffizien-Museum in Florenz, in dem diese Plastik steht – ein Tourist fragt einen anderen: «Bitte, wo ist denn hier die Laokoon-Gruppe?» – «Tut mir leid», sagte der, «weiß ich nicht, wir sind hier jedenfalls die Tui-Gruppe.»

Der falsche Orden

Prinz Louis von Preußen in Theodor Fontanes Erzählung «Schach von Wuthenow»: «Sie werden doch alle Kalkreuth für einen klugen Mann halten, ja mehr, für einen Mann, der, wie wenige, von dem ‹Alles ist eitel› unsres Tuns und Trachtens durchdrungen sein muss. Und doch als er den Roten Adler erhielt, während er den Schwarzen erwartet hatte, warf er ihn wütend ins Schubfach und schrie: ‹Da liege, bis du *schwarz* wirst.› Eine Farbenänderung, die sich denn auch mittlerweile vollzogen hat. ‹Es ist mit Kalkreuth ein eigen Ding›, erwiderte Bülow, ‹und offen gestanden, ein anderer unserer Generäle, der gesagt haben soll: ‹Ich gäbe den Schwarzen drum, wenn ich den Roten wieder los wäre›, gefällt mir noch besser.›»

Problem

«Der Fahrer bittet einen Schlosser um die Ersetzung einer Schraube am Hinterrad, und der Schlosser antwortet: ‹Das ist kein Problem.› Es ist auch keins.» (Martin Heidegger in seiner berühmten Abhandlung «Vom Wesen des Grundes», 1929).

Helmut Kohl

Die Kohl-Witze, am Anfang seiner Kanzlerschaft recht verbreitet, haben sich ziemlich rasch verloren. Einige Formulierungen aber haben sich bei den Älteren ziemlich fest verbunden mit seinem Namen. Auch sie gehen oft in Richtung Sprachwitz. So wenn er von Deutschland zu reden pflegte und da immer wieder altertümlich pathetisch «in diesem unseren Lande» sagte oder wenn er von allem Möglichen meinte, es sei «jetzt nicht die Stunde» darüber zu reden oder es sei «jetzt nicht die Zeit». Die Journalisten nannten dies damals die «Zeitaussage». Als ihm gerichtliche Schwierigkeiten drohten und er es andererseits gewohnt war, Probleme beharrlich auszusitzen, hieß es: «Der würde auch noch das Einsitzen aussitzen!»

Verstorben

Ein Brief kam an den Absender zurück mit dem handschriftlichen Vermerk: «Empfänger unbekannt verstorben».

Vorhang

«Der Vorhang fällt schnell» lautet die Szenenanweisung Wagners am Ende des ersten Aufzugs der «Walküre», der ja praktisch, jedenfalls ganz und gar nicht theoretisch, mit einem Akt – Sieglinde, Siegmund – endet, unmittelbar eingeleitet mit Siegmunds gewaltigem Ruf: «So blühe denn Wähälsungenbluhut!» Dazu nun, was das schnelle Fallen des Vorhangs angeht, der trocken kommentierende Zusatz Arthur Schopenhauers: «denn es ist hohe Zeit» (Schopenhauer zum Vergnügen, herausgegeben von Ludger Lütkehaus). Schopenhauer übrigens, dessen Philosophie für Wagner so wichtig war, war kein Wagnerianer: er bleibe, sagte er, Mozart und ... Rossini treu.

Anonyme Briefe

«Du kriegst anonyme Briefe? Mon Dieu, das ist ja furchtbar – und von wem?»
Rita Lutrand zu Harry Rowohlt (zitiert von Fritz J. Raddatz).

Lederriemen

Ernst Jandl: «diese Gedichte können, da es vorzüglich / Gedichte zur Bewältigung des Lebens sind, / in jeder beliebigen Reihenfolge von Ihnen / gelesen werden, verehrte Lederriemen / und Leser»
(Gedicht aus dem Nachlass zitiert von Rainer Paris in der Zeitschrift «Merkur», Januar 2008).

Gewerbefreiheit

Marquis Posa in Schillers «Don Carlos» fasst, was er dem König in flammender Rede gesagt hat, zusammen:

Ein Federzug von dieser Hand, und neu
Erschaffen wird die Erde. Geben Sie
Gedankenfreiheit!

Einem Schauspieler war von einem seiner Kollegen immer wieder scherzhaft warnend gesagt worden: «Bitte ja nicht, statt ‹Gedankenfreiheit› ‹Gewerbefreiheit› sagen!» Schließlich sagte er dann doch, natürlich gerade weil er es unbedingt richtig machen wollte, auf dem Höhepunkt des hier erforderlichen Pathos: «Geben Sie – Gewerbefreiheit!» Übrigens soll es nach diesem Satz nach «Gedankenfreiheit» bei einer Aufführung unter den Nazis erst zögernden, zuletzt aber stürmischen Beifall gegeben haben.

Auch das noch!

Noch einmal Schillers «Don Carlos». Im fünften Akt, kurz vor seinem Tod im Gefängnis (er wird hinterrücks erschossen), sagt der Marquis Posa zum Prinzen Carlos:

Das Königreich ist dein Beruf. Für dich
zu sterben war der meinige!

Kurz danach sollte aus dem Hintergrund der tödliche Schuss fallen. Er bleibt aber aus. Posa wiederholt gedankenschwer, lauter und sehr betont das zuletzt Gesagte. Der Schuss aber fällt immer noch nicht. Da springt der Schaupieler auf, fasst sich an die Brust und ruft: «Mein Gott, ich spür's! Ich bin vergiftet!» In diesem Augenblick fällt der Schuss. Darauf der Schauspieler verzweifelt: «Auch das noch!» Und bricht zusammen.

Fünfundachtzigster Geburtstag

Jemand sagt in seiner Dank-Rede bei seinem fünfundachtzigsten Geburtstag: «Ich danke Ihnen allen sehr dafür, dass Sie gekommen sind, um mir heute die vorletzte Ehre zu erweisen.»

Engel

In der DDR (sächsisch klang und klingt das immer ein wenig wie «Däderä») waren christliche Symbole verpönt. Mit ziemlichem Erfolg übrigens: es ist nicht viel davon übriggeblieben. So hieß es dort offenbar ganz ernsthaft und offiziell statt «Weihnachtsengel»: «Jahresendflügelpuppe» oder auch «Jahresendfigur mit Flügeln».

Liebe

Die Frau zu ihrem Mann: «Früher warst du glücklich, wenn du mich nur ein paar Stunden am Tag sehen konntest.» Darauf er: «Daran hat sich nichts geändert!»

Meine Frau redet so viel

Dies ist ein alter jüdischer – und übrigens durchaus «inkorrekter» – Witz. Ein Professor beklagt sich bei einem Kollegen, er könne kaum mehr arbeiten, finde kaum mehr Zeit, denn seine Frau rede so viel. Darauf der andere: «Das ist ja furchtbar! Und von was redet sie denn die ganze Zeit?» – «Ja, das sagt sie nicht!»

Aristokratisch

Auf einem Schloss brennt es. Wortreich und altertümlich hochtrabend empfängt der Schlossherr die eintreffende Feuerwehr: «Ich dank euch sehr, ihr tüchtigen Männer, dass ihr euch so zeitig und wohl gerüstet eingefunden!» Ein Feuerwehrmann fragt: «Wo ist denn hier, du Loch des Arschs, des Brandes Herd?»

Nietzsche

«Na also, sprach Zarathustra». So der treffliche Germanist Heinz Schlaffer; jedenfalls steht das Sätzchen auch bei ihm, und zwar in seinem seltsamen Nietzsche-Buch von 2007, in dem er, kühnes Unterfangen, zu zeigen versucht, dass Nietzsche nicht einmal schreiben konnte. Das Sätzchen findet sich freilich auch schon bei Heinz Erhardt und bei diesem auch in der Variante «Na also, sprach Zahnarzt Thustra»!

Gedicht

    rasen
    rasen
    rasen
    rasen
    rasen
    rasen
    Rasen

Eigentlich ein rein orthographisches Gedicht – nur gelesen, wenn man es selbst vor sich sieht, kann man es verstehen. Ein evangelischer Pfarrer hat es mir zugesandt. Leider habe ich seinen Namen vergessen und versäumt, ihn mir seinerzeit zu notieren. Von ihm stammt auch das folgende Gedicht.

Rechtschreibung – theologisch

In A. geschah einst ein Wunder:
geheilt ging ein Büßer davon ...
Der kam ins Buch der Rekorde
Und das Dorf ins Lexikon.

Theologische Reiseführer
Beschrieben die Sensation,
da wurde die stille Quelle
touristisch die Attraktion.

Der Bürgermeister hielt Reden ...
Die Presse notierte famos:
An diesem heiligen Orte
schreibt man die BUSSE groß.

Was schreiben wir groß
und was schreiben wir klein
und wie wird die Rechtschreibung Gottes sein?

A 42

Auf der Autobahn hält die Polizei einen Wagen an, der mit knapp über 40 Stundenkilometer fährt. «Warum fahren Sie denn hier so langsam?» Der ziemlich alte Fahrer sagt: «Ja, das ist doch die A 42!» – «Ja, und?» – «Ja, da darf man doch nicht viel mehr als 40 Stundenkilometer fahren.» – «Aber nein, 42, das ist doch nur die Nummer der Autobahn. Hier gibt es keine Beschränkung. Sie können so schnell fahren, wie Sie es für richtig halten. Ja, aber sagen Sie mal: Die beiden Herrn da auf dem Sitz hinter Ihnen – was ist denn mit denen los? Die sehen ja furchtbar aus!» – «Ach so, weiß ich auch nicht, warum die so aussehen.» – «Ja», fragt der Polizist die beiden, «woher kommen Sie denn?» – «Von der B 210.»

«Zehn kleine Negerlein»

Zu dem bekannten «Volksgedicht» von den «Zehn kleinen Negerlein» gab es in der Nazizeit eine – lebensgefährliche – Variante. Von ihr berichtet Viktor Klemperer im Eintrag in seinem Tagebuch am 9. Juli 1942: «Marckwalds ... zitierten mir gestern ein Gedicht, das schon ein Jahr alt sein soll. Es pflanzt sich wie Volkspoesie von Mund zu Mund fort und hat auf diese Weise sicher nur halbstarre Form» (Klemperer meint: keine feste Form, sondern dass sie je nach dem Aufgeschnappten und dem im Gedächtnis Behaltenen wechselt, was ja auch für die Volksdichtung gilt). «Auch ich», fährt Klemperer fort, «schrieb mir nur die Reime auf einen Zettel und fülle nun mit approximativer Genauigkeit auf.»

Die Geschichte von den zehn kleinen Meckerlein

Zehn kleine Meckerlein, die saßen mal beim Wein;
Der eine sprach von Goebbeles, da waren's nur noch neun.
Neun kleine Meckerlein, die haben sich was gedacht;
Dem einen hat man's angesehn, da waren's nur noch acht.
Acht kleine Meckerlein, die haben sich was geschrieben;
Beim einen fand man einen Brief, da waren's nur noch sieben.
Sieben kleine Meckerlein, die fragten sich «Wie schmeckt's?»
Der eine sagte «Affenfraß», da waren's nur noch sechs.
Sechs kleine Meckerlein, die trafen mal 'nen Pimpf;
Der eine sagte «Lausekopp'!», da waren's nur noch fünf.
Fünf kleine Meckerlein, die spielten mal Klavier;
Der eine spielte Mendelssohn, da waren's nur noch vier.
Vier kleine Meckerlein, die sprachen mal vom Ley;

Der eine hat'n V vermisst, da waren's nur noch drei.
Drei kleine Meckerlein gehörten zur Partei;
Der eine sagte «Nix wie raus!», da waren's nur noch zwei.
Zwei kleine Meckerlein, die hörten Radio;
Der eine hat zuviel gehört, den griff die Gestapo.
Das letzte kleine Meckerlein, das wollt ins Ausland gehn;
Es landet' in Oranienburg – da waren's wieder zehn.

Klemperer fügt noch an: «Eva sagte (Eva war seine Frau), an der Schlusszeile erkenne man das Alter der Sache, denn heute wäre keiner der Meckerlein mehr am Leben.» Robert Ley war einer der Minister Hitlers. Mit dem fehlenden «V» ist natürlich gemeint, dass er eigentlich Levy heiße. Ein Pimpf war die Vorstufe zum Hitlerjungen; Oranienburg schließlich ein allgemein bekanntes Konzentrationslager bei Berlin.

Eine Variante

Eine andere Version desselben Gedichts teilt Inge Deutschkron in ihrer Dankesrede zur Verleihung des Carl-von-Ossietzky-Preises der Stadt Oldenburg mit: «Lachen in höchster Not. Die Flüsterwitze im ‹Dritten Reich› spiegelten die Stufen der Verfolgung» (in: Frankfurter Allgemeine Zeitung, 20.5.2008). Da diese Verse natürlich nur mündlich kursierten, sind solche Varianten normal. Die folgende setzt offenbar eher Münchner Herkunft voraus: Am Ende wird Dachau in der Nähe Münchens genannt statt Oranienburg in der Berlins. Auch das Konzentrationslager Dachau war allgemein bekannt, während dies für andere Lager dieser Art nicht galt. Dachau wurde sogar offiziell gezeigt – etwa für Schulungszwecke (mein Vater berichtete von einem gemeinsamen offiziellen Besuch dort, als er Studienreferendar war. Man wollte zeigen, dass dort alles ‹ordentlich› zuging›.

ZEHN kleine Meckerlein,
die saßen einst beim Wein;
Der eine machte Goebbels nach,
da waren es nur noch neun!

NEUN kleine Meckerlein,
die hatten was gedacht;
Dem einen hat man's angemerkt,
Da waren es nur noch acht!

ACHT kleine Meckerlein,
Die hatten was geschrieben;
Dem einen hat man's Haus durchsucht,
da waren es nur noch sieben!

SIEBEN kleine Meckerlein,
Die fragten einmal: «Schmeckt's?»
Der eine sagte «Schlangenfraß»,
Da waren es nur noch sechs!

SECHS kleine Meckerlein,
die schimpften auf die Pimpfe;
Der eine sagte «Lausepack»,
da waren es nur noch fünfe!

FÜNF kleine Meckerlein,
die saßen am Klavier;
der eine spielte Mendelssohn,
da waren es nur noch vier!

VIER kleine Meckerlein,
Die kannten Dr. Ley;
Der eine wusste was von ihm,
da waren es nur noch drei!

DREI kleine Meckerlein,
die nannten Mythos «Dreck»;
da holte PG Rosenberg gleich
zwei von ihnen weg.

EIN kleines Meckerlein
Ließ dies Gedicht mal sehn;
Man brachte es nach Dachau hin,
da waren es wieder – zehn.

Der Nazi-Ideologe Alfred Rosenberg hatte 1930 sein millionenfach verkauftes Buch «Der Mythus des 20. Jahrhunderts» herausgebracht.

Baumgruppe

Unter Hitler und dem Nationalsozialismus stand vor jeder Zusammensetzung mit -gruppe «NS» für «nationalsozialistisch». Zum Beispiel und vor allem «NS-Ortsgruppe». Es gab natürlich auch einen «NS-Ortsgruppenleiter» – der wichtigste Mann am Ort. Also sprach man auch (im Scherz, ungefährlich war aber auch bereits dies nicht) von einer «NS-Baumgruppe», etwa in einer Wegbeschreibung: «Da kommt dann auf der rechten Straßenseite so eine NS-Baumgruppe, und da müssen Sie nach links abbiegen.»

Pfitzner

Der Komponist Hans Pfitzner machte gern Wortwitze. Als eine Nazi-Größe ihn darauf ansprach, er solle doch mal «etwas Nationalsozialistisches» komponieren, sagte er: «Ja, was denn – etwa eine Pimphonie in Bal-Dur?» Damit spielte er auf die sogenannten Pimpfen an, die Vorstufe zur HJ, der Hitler-Jugend, und auf den «Reichsjugendführer» Baldur von Schirach.

Schnee

Karl Valentin galt nicht als Freund der Nationalsozialisten. Umso erstaunter war man, als er bei einer Vorstellung in München mit erhobenem rechten Arm auf der Bühne erschien. Schließlich (es war im Winter) sagte er: «So hoch liegt der Schnee in Garmisch!»

Vorsicht

Karl Valentin in der Nazi-Zeit: «I sag nix. Dös wird ma jo no sog'n dürfn!»

Ein Kind

Richter (in Tübingen): «Die hier anwesende Elfriede Maier will ein Kind von Ihnen haben ...» Angeklagter: «Ja, muss des glei sei oder hot des no a weile Verzug?»

Kaiser Ferdinand

Ferdinand der Gütige, Gütinand der Fertige – Kaiser Ferdinand I. war von 1835 bis 1848 Kaiser von Österreich und König von Böhmen, 1848 trat er zugunsten seines Neffen Franz Joseph zurück, der dann der legendäre Kaiser Franz Joseph (1848–1916) wurde.

Wagner an Nietzsche («Für meinen Nietzsche»)

> Was ich mit Noth gesammelt,
> neun Bänden eingerammelt,
> was darin spricht und stammelt,
> was geht, steht oder bammelt,
> Schwert, Stock und Pritsche,
> kurz was im Verlag von Fritzsche
> schrei', lärm' oder quietzsche,
> das schenk ich meinem Nietzsche, –
> wär's ihm zu was nütze –

Richard Wagner – in der handschriftlichen Widmung seiner Werke für Friedrich Nietzsche. Wagners und Nietzsches Verleger hieß in Wirklichkeit Fritzsch – wieder ein erzwungener Reim. Übrigens zeigen auch diese Verse, dass Wagner, so ungeheuer ernst er sich nahm, Humor hatte, gerade auch im Sinne der Distanzierung von sich selbst.

Ganz gestohlen

Zu den Freunden Friedrich Nietzsches zählte der Musikschriftsteller und Komponist Carl Fuchs. Über eine Komposition diese Mannes, die sich als Plagiat herausstellte, kam es zu dem witzigen Spruch: «Fuchs, die hast du ganz gestohlen!»

Abgrund etc.

An sich waren die sogenannten Achtundsechziger nicht witzig oder gar humorvoll. Es gibt aber doch einige sprachwitzige Sprüche von ihnen. Zum Beispiel: «Gestern standen wir vor dem Abgrund. Heute sind wir schon einen Schritt weiter», dann, eigentlich großartig: «Seid realistisch! Fordert das Unmögliche!» (aber dies kam aus dem Französischen, es war ein Achtundsechziger-Spruch aus Paris: «Soyez réalistes! Exigez l'impossible!»); auch «Anarchie ist machbar, Frau Nachbar» war nicht unwitzig. Und witzig, auch nicht ohne Tiefe, war der Spruch vor einer verbarrikadierten Straße: «Eine Barrikade versperrt die Straße, aber sie zeigt den Weg!»

Wie heißt der Schütze?

Der dritte Aufzug von Schillers «Wilhelm Tell» beginnt mit einem Lied, das zum Volkslied wurde: «Mit dem Pfeil, dem Bogen, / Durch Gebirg und Tal / Kommt der Schütz gezogen / Früh am Morgenstrahl.» Die zweite Strophe lautet: «Wie im Reich der Lüfte / König ist der Weih – / Durch Gebirg und Klüfte / herrscht der Schütze frei.» Hierzu gab es nun die Scherz-Frage: «Wie heißt der Schütze?» Die Antwort – «herrscht der Schütze frei» – ist also: «Frei». Analoges gab es in einem Tübinger Lied, das so beginnt: «Auf des Berges Höhen steht der Weinmann keck / Segnet mit den Händen seine Rebenstöck.» Dazu nun die Frage: Wie heißt der Weinmann (das war seinerzeit in Tübingen, als dort noch Wein angebaut wurde, das Wort für das hier streng zu meidende Wort «Winzer»). Die Antwort heißt also hier: «Keck». Ähnlich die bibelkundliche Frage: «Wie heißt Maria Magdalena mit Nachnamen?» Die Antwort: «Bitterlich», weil es heißt: «Da weinte Maria Magdalena bitterlich.» Aber das steht im Neuen Testament nirgends. Nur Petrus weint da einmal – «Und alsbald krähte der Hahn» – «bitterlich» (Matthäus, 26, 75).

Biblisches

Warum handelte Paulus mit Alkohol? Weil er an die Korinther schrieb (1. Korinther 5,6): «Euer Ruhm» – Rum – «ist nicht fein». Und wer ist der beste Koch im Alten Testament? Saul, denn «er dämpfte den Auflauf der Amalekiter» (allerdings gibt es auch diesen Satz nicht). Auch nicht, natürlich, «Dichter Nebel lag auf dem Land», der zu der Frage und Antwort führt: «Wie heißt der erste Dichter?» – «Nebel».

Hackfleisch

Frage eines witzigen Kinds: «Es gibt Kalbfleisch und Schweinefleisch – und was ist eigentlich ‹Hack› für ein Tier?»

Der Klügere

«Der Klügere kippt nach» (Harald Schmidt – oder jedenfalls von ihm gehört).

Das heutige Brot

Ein Pfarrer, der zu Beginn einer reichgedeckten Hochzeitstafel das «Vaterunser» zu beten hat, verspricht sich: «Unser heutiges Brot gib uns täglich.»

Telegramm

Jüdischer Witz aus der Zeit des Telegramms, dessen Preis sich nach der Anzahl der Wörter richtete (und dieser Witz ist wieder, was die Behandlung der Frau angeht, «inkorrekt»). Ein eben Vater gewordener Ehemann telegraphiert seinem Schwiegervater knapp: «Rebecca glücklich entbunden Sohn». Der Schwiegervater, beim Besuch eine Woche später, kritisiert den Schwiegersohn wegen der bei seinem Telegramm stattgehabten Geldverschwendung. «Erstens ‹Rebecca› – hör mal, würdest du mir ein Telegramm schicken, wenn ein wildfremdes Mädchen ein Kind zur Welt bringt? Dann ‹glücklich› – reine Floskel. ‹Entbunden› – ja meinst du denn, ich glaub an den Klapperstorch? Und ‹Sohn› – ja, wer wird denn wegen eines Mädchens ein Telgramm schicken?»

Nebbich!

Nebbich ist ein jiddisches Wort. Als Ausruf meint es «leider», dann und vor allem, «na, wenn schon», «was macht das schon» oder etwas zwischen «leider» und diesen Bedeutungen. Also ein Nicht-Jude hört einen Juden in irgendeinem Zusammenhang sagen: «Nebbich!» Er fragt: «Sagen Sie mal, was heißt eigentlich bei Euch, dieses *nebbich*?» Der Jude antwortet: «Sie wissen nicht, was *nebbich* heißt? Nebbich!»

Pythagoras

«Als Pythagoras seinen berühmten Lehrsatz gefunden hatte, opferte er den Göttern eine Hekatombe Ochsen. Seitdem zittern alle Ochsen, so oft eine neue Wahrheit entdeckt wird» (so Carl Ludwig Börne, Journalist, Literaturkritiker, 1786 – 1837); eine «Hekatombe» hier gleich «hundert».

Zitate

Man solle, sagte jemand, nicht immer gleich bei jeder Gelegenheit mit einem Zitat kommen. Und dieser nannte als Beispiel einen, der Bauchschmerzen hatte und dann den König Philipp aus Schillers «Don Carlos» zitierte: «Der Aufruhr tobt in meinen Niederlanden.»

Eifersucht

Friedrich Schleiermacher (1768–1834), dem großen Theologen, wird der Satz zugeschrieben: «Eifersucht ist eine Sucht, die mit Eifer sucht, was Leiden schafft.» In dieser zu Recht berühmten Definition sind zwei Wortwitze enthalten: «Eifersucht» – «mit Eifer sucht» und «Leidenschaft» – «Leiden schafft». Andererseits: Eine Definition dessen, was «Eifersucht» meint, ist dies natürlich nicht. Freud zitiert den Satz in seinem Buch «Der Witz und seine Beziehung zum Unbewussten» (1905) und sagt über ihn, er sei «unstreitig witzig», er sei sogar «ein sehr vollkommener Witz»; andererseits merkt er auf die Sache selbst übergehend an (und hat da ebenfalls Recht), der hier «ausgedrückte Gedanke ist wertlos: er gibt jedenfalls eine recht ungenügende Definition der Eifersucht».

Friedrich Torberg

Von dem Schriftsteller Friedrich Torberg gibt es viele gute Anekdoten. Berühmt in dieser Hinsicht ist vor allem sein Buch «Die Erben der Tante Jolesch». Eine Torberg-Anekdote hörte ich zuerst von dem aus Böhmen stammenden Wiener Erich Heller, der, übrigens ein brillanter Redner, schließlich in Evanston, Illinois, Germanistik lehrte. Zu Torberg sagte auf einem Empfang der Botschafter eines skandinavischen Landes:

«Aber hören Sie, verehrter Herr Torberg, *Torberg* – das ist doch nun wirklich ein nordischer, ein altgermanischer Name.» Darauf Torberg: «Ja, Exzellenz, Sie haben ganz Recht. Mein Ur-, Ur-,Ur-,Ur-Urgroßvater war Schiffsrabbiner bei den Wikingern.» Dazu nun die Fortsetzung, von der Gerhard Stadelmaier berichtet (Frankfurter Allgemeine Zeitung, 13.9.2008): Ein «Reichsdeutscher», der diese Geschichte gehört hatte, fragte bei einer Gelegenheit Torberg selbst, ob es wirklich stimme, dass er auf jene Frage so geantwortet habe. Torberg habe darauf nur äußerst pikiert gesagt: «Bitte, bitte, bei *die* Wikinger!» Denn so war die populäre jüdische Deklination, die Torberg hier zur Verdeutlichung übernahm. Dies war Erich Heller, der kein Reichsdeutscher war, ebenfalls entgangen (und also auch mir). Zur Sache selbst: Torbergs Vater hieß *Kantor*, und seine Mutter hatte vor der Heirat *Berg* geheißen: Der Sohn verband also die zweite Silbe des Vaternamens mit dem Namen der Mutter (sprachwissenschaftlich nennt man dies eine «Kontamination» oder englisch «blending»).

Platonische Liebe

Friedrich Torberg berichtet von dem Redakteur Rudi Keller des «Prager Tagblatts» – in dessen Redaktion offenbar viele Originale waren –, der einer Dame, an der er interessiert war und die sich zierte oder tatsächlich nicht wollte, sagte: «Für platonische Liebe bin ich impotent!»

Brecht

Torberg war ein sehr dezidierter Antikommunist. Zwar bewunderte er Bertolt Brecht, hielt aber seinen Einfluss im Westen – politisch – für verhängnisvoll und sprach von den gefährlichen «Brechtokokken», was ein schöner Wortwitz ist.

Konsequent sagte er, er habe «nichts dagegen, dass man Brecht spielen darf, ich bin nur dagegen, dass man ihn spielt».

Hofmannsthal

Über Hugo von Hofmannsthal urteilte Torberg: «Sein Pfund wucherte mit ihm.»

Verlebendigung

Von einem anderen Redakteur des «Prager Tagblatts» berichtete Torberg, der über die kleineren Vorkommnisse, die er zu melden hatte, allzu trockene Berichte schrieb. Nachdem man ihn dringend gebeten hatte, seine Texte doch etwas lebendiger zu gestalten, versah er den Bericht über den Vorfall, dass ein Mann seine Frau übel traktiert und sie danach bei sehr kaltem Wetter vor die Tür gestoßen und dann ausgesperrt hatte, mit dem Zusatz: «Fürwahr ein roher Geselle!»

Nikolaus Pevsner

Nikolaus Pevsner hatte sich schon als Dozent in Göttingen auf die englische Kunst spezialisiert und war bereits mehrfach in England gewesen. Er war ein jüdischer Deutscher, und so war es normal, dass er, als die Nazis kamen und er emigrieren musste, nach England ging. Sein Hauptwerk ist die Bücher-Serie «The buildings of England», die noch immer von Zeit zu Zeit aktualisiert wird. Pevsner starb 1983. Er wurde in England respektiert, hatte aber auch Gegner, oder es gab dort einfach Leute, denen er wegen seines Spezialistentums und seines Kategorisierens auf die Nerven ging, und die in ihm «einen langweiligen preußischen Pedanten» sahen – deutsche Juden sind eben auch Deutsche! Er hatte den Spitznamen «Herr Doktor Professor». Über ihn gab es die hübschen Verse:

> From the heart of Mittel Europe
> I make der little trip
> To show those English dummkopfs
> Some echtdeutsch scholarship.
> Viele Sehenswürdigkeiten
> By others have been missed
> But now comes to enlighten
> Der Great Categorist.

Dieses Gedicht zitierte Gina Thomas in einem Artikel der «Frankfurter Allgemeinen Zeitung» vom 10.5.2009.

Gudrun Wagner

Gudrun Wagner, die 2007 verstarb, führte die Geschäfte für ihren Mann Wolfgang Wagner, den zuletzt hochbetagten «Wagner-Enkel». Wenn Journalisten anriefen, war es sie, die sich meldete. Und wenn diese insistierten: «Ja, aber ich wollte mit Ihrem Mann sprechen», sagte sie, die Sache abkürzend: «Ich bin mein Mann.»

Heu

Von Percy Ernst Schramm, dem großen Göttinger Historiker, gibt es nicht wenige Sprüche. Von einem etwas verschlafenen Kollegen sagte er: «Er hört das Heu wachsen.» Als ihn jemand darauf aufmerksam machte, sein Name stehe nicht im «Brockhaus», sagte er, darauf lege er auch keinen Wert: Da würde er nur irgendwo zwischen Schmutz und Schund stehen.

Einstimmig

Hartmut von Hentig berichtet von einer Rektorwahl an der Universität Göttingen. Für das Amt kandiderte ein Professor Zimmerli, der dann auch gewählt wurde. Beim lauten Vorlesen der Stimmzettel kam einmal auch der Name «Schramm» vor. Am Abend berichtete dieser einem Kollegen: «Also, heute bin ich einstimmig zum Rektor gewählt worden.»

Tagore

Rabindranath Tagore, 1861–1941, war ein indischer Dichter und so etwas wie ein Philosoph; 1913 erhielt er den Nobelpreis für Literatur. In einer deutschen Zeitung hieß es 1925 über ihn: «Dieser Gangeshofer beabsichtigt, wie wir hören, auch nach Deutschland zu kommen.» Hierzu Ludwig Reiners: «Das Wortspiel ... brachte geräuschlos zum Ausdruck, dass Tagore im Grunde nur eine bescheidene heimatlich sentimentale Begabung nach Art Ganghofers war und dass er seinen Weltruhm nur seiner exotischen Herkunft verdankte.» Ludwig Ganghofer, 1855–1920, ein Mann übrigens von erfreulicher Gesinnung, war durch seine Heimatromane äußerst bekannt. Technisch handelt es sich bei dem hübschen, in der Tat «geräuschlosen» und auch gerade dadurch geistreichen Wortspiel «Gangeshofer» um eine Kreuzung, eine Kontamination zweier Wörter oder, in diesem Fall, zweier Namen: *Ganghofer* plus *Ganges* gleich *Gangeshofer*.

Politisches Gedicht: «Der Rabe Ralf»

Der Rabe Ralf
will will hu hu
dem niemand half

still still du du
half sich allein
am Rabenstein
will will still still
hu hu

Die Nebelfrau
will will hu hu
nimmt's nicht genau
still still du du
sie sagt nimm nimm
's ist nicht so schlimm
will will still still
hu hu

Doch als ein Jahr
will will hu hu
vergangen war
still still du du
da lag im Rot
der Rabe tot
will will still still
du du

Dieses Gedicht ist von Christian Morgenstern, 1871–1914; der Dichter selbst, allerdings unter dem Namen Dr. Jeremias Müller, kommentiert es einleuchtend so: «In diesem Gedicht wird die Sozialdemokratie charakterisiert bzw. ihr Übergang von Lassalleschen zu Marxistischen Ideen.»

Der Alte Marabu

Im Schneegebirge Hindukuh
da sitzt ein alter Marabu
auf einem Fels von Nagelfluh
und drückt das rechte Auge zu.
Weshalb wohl, fragst du, Leser, nu,
weshalb wohl sitzt der Marabu
im Schneegebirge Hindukuh
auf einem Fels von Nagelfluh
und drückt das rechte Auge zu?
Hab' Dank, o lieber Leser du,
für dein Int'ress' am Marabu!
Allein weshalb im Hindukuh
er drückt das rechte Auge zu
auf einem Fels von Nagelfluh –
weiß ich so wenig als wie du!

Dieses hübsche Gedicht stammt von Edwin Bormann, 1851–1912. Der Dichter Elazar Benyoëtz, ein großer, auch sprachwitziger Aphoristiker, zitiert es in seinem Buch «Die Eselin Bileams und Kohelets Hund», München 2007, S. 213.

Ironische Eigennamen

In die Nähe von Sprachwitzen können auch Eigennamen kommen, die Schriftsteller ihren Personen geben. Im Deutschen hat dies gewiss Thomas Mann mit der größten Bewusstheit und Sicherheit getan, was nicht ausschließt, dass hin und wieder ein Name nicht überzeugt (zum Beispiel, so finde ich, «Meta Nackedey» im «Doktor Faustus»). Das mit den Eigennamen ist ja ein heikles Spiel – künstlerisch, in einem Roman, und auch sonst. Dieses Spiel darf sich auf ein allgemeines und eher vages Bewusstsein davon berufen, dass Namen mit ihrem Träger etwas zu schaffen haben, ihn widerspiegeln. Davon gehen wir alle unwillkürlich aus. Hier nun einige der Namen aus Thomas Manns Roman «Königliche Hoheit»: Staatsminister Doktor Baron Knobelsdorff, Finanzminister Doktor Krippenreuther (unter einem «Krippenreiter» versteht oder verstand man damals etwas wie einen eher vornehmen Schmarotzer), Hofprediger Oberkirchenrat D. Wislizenus (mit dem einfachen ‹D.›, das den theologischen Doktor und nur diesen abkürzt), der «noch jugendliche» Flügeladjutant Graf Lichterloh, dann der General der Infanterie Graf Schmettern, Oberhofmarschall von Bühl zu Bühl, Oberhofmeisterin Freifrau von Schulenberg-Tressen, die «auf den Hofbällen eine Welt von Busen zu entblößen pflegte»), Hoffinanzdirektor Graf Trümmerhauff, der Dichter Axel Martini, Verfasser des Gedichtbands «Evoë!», Schulrat Dröge, Gymnasialprofessor Kürtchen, Geheimrat Professor Klinghammer, Geheimrat Grasanger, der wichtige Privatlehrer des Prinzen Dr. Raoul Überbein, der sich in seiner Jugend, wie er sagte, «den Wind hatte kräftig um die Nase wehen lassen» und dabei auch «des Lebens schmallippiges Antlitz» kennenlernte; dann Fräulein Isenschnibbe, Gräfin Löwenjoul, der schüchterne, sehr sympathische junge Ortsarzt («obendrein jüdischer Abstammung») Doktor Sammet, Samuel Spoelmann, der amerikanische Milliardär, seine beiden umsichtigen Sekretäre, die Herren Phleps und Slippers, schließlich das «Volk» vertreten durch die Witwe Klaasen («von dem Stand am Markt»), Herrn Stavenüter, dem Wirt der «Fasanerie», und dem Schuster Hinnerke.

Geheimrat Bumm

In Berlin gab es einst, zur Kaiserzeit, den Geheimrat Bumm, einen großen Mediziner, eine Kapazität («Kapazität» sagt man bemerkenswerterweise nur bei Medizinprofessoren, im Blick auf andere Professoren sagt man gegebenenfalls «Koryphäe»). Einmal stellte sich auf einem Empfang dem Geheimrat Bumm ein General vor: «General der Artillerie von Schwertfeger!» Der Geheimrat verbeugte sich und sagte: «Bumm». Der General wiederholte irritiert: «General der Artillerie von Schwertfeger!» Darauf der Geheimrat: «Bumm, Bumm». Fast wäre es zu einem Duell gekommen.

Fichte

Der Philosoph Johann Gottlieb Fichte hatte einen Sohn, Immanuel Hermann Fichte, der ebenfalls Philosoph wurde. Im Blick auf ihn zitierte jemand aus Schillers «Glocke» die Verse:

> Nehmet Holz vom Fichtenstamme,
> doch recht trocken lasst es sein!

Deutscher Tiefsinn

«Alles hat ein Ende, nur die Wurst hat zwei.»

Gott singt Lieder

Von Ernst Moritz Arndt gibt es das im 19. Jahrhundert nahezu jedermann bekannte patriotische Gedicht «Was ist des Deutschen Vaterland?». Ein Vaterland im politischen Sinne, hier also Deutschland, gab es, als das Gedicht geschrieben wurde (1814), noch nicht. Die Antwort, die Arndt auf die Frage gab, entsprach dem damals ziemlich allgemeinen Empfinden: Alles, was Deutsch redet, muss zu *einem* Land zusammengeführt werden: «Das ganze Deutschland soll es sein» (auch die deutschsprachige Schweiz und Österreich und Luxemburg sollten also dabei sein). Zu einer Strophe dieses Gedichts schreibt nun Arthur Schopenhauer sprachkritisch und nicht ohne Witz: «In dem allbekannten Volksliede ‹Was ist des Deutschen Vaterland?› heißt es:

> Soweit die deutsche Zunge klingt
> Und Gott im Himmel Lieder singt.

Auf deutsch besagt dies, dass Gott im Himmel sitzt und Lieder singt. Wir sollen's raten!» Womit Schopenhauer sagen will: Wir sollen, was tatsächlich gemeint ist, erraten. Und er fährt fort: «Eine Sprache soll den Gedanken *ausdrücken*, nicht uns überlassen, ihn zu *raten*. «Der Casus *muss, muss, muss* in allen Fällen, sei es durch Flexion oder Artikel ausgedrückt werden, nicht aber dem Leser zu erraten bleiben ...» (zitiert in «Schopenhauer zum Vergnügen», herausgegeben von Ludger Lütkehaus, Stuttgart 2002, S. 87). Arndt meinte natürlich: Deutschland ist überall dort, wo Deutsch geredet und in dieser Sprache Lieder gesungen werden, von denen er in national gespeister Frömmigkeit voraussetzt, sie richteten sich alle an Gott: Gemeinsamkeit erstens der Sprache, zweitens der Lieder, drittens des Adressaten (alle diese schönen Lieder richten sich letztlich an Gott). Aber in der Tat: Rein grammatisch könnte der Satz auch meinen, dass Gott im Himmel Lieder singt – sitzend oder wie immer.

Choral

Im Hause *Buddenbrook*, also in Thomas Manns «Buddenbrooks», werden regelmäßig fromme Andachten abgehalten. Da werden, lesen wir, als Strophe eines Chorals auch diese Verse gesungen:

> Ich bin ein rechtes Rabenaas,
> Ein wahrer Sündenkrüppel,
> Der seine Sünden in sich fraß,
> Als wie der Rost den Zwippel.
> Ach Herr, so nimm mich Hund am Ohr,
> Wirf mir den Gnadenknochen vor
> Und nimm mich Sündenlümmel
> In deinen Gnadenhimmel.

Das Wort «Zwippel» steht nicht in «Grimm», nicht im «Großen Duden», auch nicht in «Meyers Enzyklopädischem Lexikon». Und natürlich stehen diese Verse in keinem Gesangbuch. Der Autor übernimmt da eine – allerdings sehr gut gemachte – Parodie. Es könnte sein, dass es statt «der Rost den Zwippel» zunächst ‹der Russ die Zwiebel› geheißen hat – dann hätte womöglich Thomas Mann diese Variante geschaffen...

Dänen

In dem Choral von Paul Gerhardt «Nun lasst uns gehn und treten / mit Singen und mit Beten» lauten die vier Verse der neunten Strophe so:

> Gib mir und allen denen,
> die sich von Herzen sehnen

nach dir und deiner Hulde,
ein Herz, das sich gedulde.

Thomas Manns Tochter Erika berichtete, dass, als ihr Vater als Kind so singen lernte, also rein vom Gehörten her, «das benachbarte Dänemark den Lübeckern durchaus noch als Feind galt, und da sie ‹Dänen› wie ‹denen› aussprachen, ging dem patriotischen Tommy der fromme Wunsch gründlich gegen den Strich» (zitiert bei Hermann Kurzke, «Thomas Mann. Das Leben als Kunstwerk», München 1999, S. 103). Aber dies ist auch in die «Buddenbrooks» eingegangen: Thomas Buddenbrook berichtet dem Barbier Wenzel, während dieser ihn rasiert, dass er den Vers als Kind missverstand (6. Teil, 7. Kapitel). Da lautet der Vers leicht anders: «Gib mir, gib allen denen, die sich von Herzen sehnen ...»

Hausarzt

Von einer bestimmten Schauspielerin wurde gesagt, sie habe zwei Hausärzte: Den *einen* rufe sie, wenn sie was hat, den *anderen*, wenn ihr was fehlt.

Revolutschon

Thomas Mann, «Buddenbrooks», 4. Teil, 3. Kapitel. Konsul Johannes Buddenbrook strebt zum Rathaus, zur «Bürgerschaft». Dort aber herrscht vor Beginn der Sitzung Verwirrung, Aufregung, Angst, denn «das Volk» hat sich auf den Straßen versammelt und ist bereit, in das Gebäude einzudringen. Es ist, wie der der junge Arbeiter Corl Smolt sich ausdrückt, «Revolutschon». Da lesen wir: «In irgendeinem Winkel vernahm man unaufhörlich die Stimme des Herrn Stuth aus der Glockengießerstraße, welcher, einen schwarzen Rock über dem wollenen Hemd, sich an der Auseinandsetzung beteiligte, indem er mit entrüsteter Betonung beständig wiederholte: ‹Unerhörte Infamie!› – Übrigens sagte er ‹Infamje›.»

Das sechzehnte Kind

Die letzte Strophe des «Erlkönigs» von Goethe lautet so:

> Dem Vater grauset's, er reitet geschwind,
> er hält in den Armen das ächzende Kind,
> erreicht den Hof mit Müh und Not –
> in seinen Armen das Kind war tot.

In einem jüdischen Witz sagt der Vater dem Sohn, der ihm dieses Gedicht, das er für die Schule gelernt hat, vorgetragen hat: «Nu, dann muss er sich eben mit den fünfzehn anderen, die er noch hat, zufrieden geben!» Der Vater hatte verstanden: «das sechzehnte Kind».

Zu diesem Witz gibt es eine Variante, die ihn gleichzeitig fortsetzt. Der Vater fragt den Sohn, was er da lerne. Der Sohn sagt: «Nu, für die Schul, den Erlkönig.» – «Ach», sagt der Vater, «den kann ich selbst noch auswendig.» Und er rezitiert: «er hält in den Armen das sechzehnte Kind». Darauf der Sohn: «Nein, du hast das falsch im Kopf. Da steht ganz klar ‹das achtzehnte Kind›!» – «Nu», sagt der Vater, «da hast du halt eine spätere Ausgabe.» Natürlich setzt diese Variante die Aussprache «achzend» statt «ächzend» voraus.

Betonung

Beispiel für die Wichtigkeit der Betonung: der Satz der Margarete, Gretchens also, in «Faust I» («Szene Abend. Ein kleines reinliches Zimmer»):

Ich gäb' was drum, wenn ich nur wüßt'
Wer heut der *Herr* gewesen ist!

Zum Beispiel «heut» sollte hier nicht betont werden! Denn: Würde es dann nicht bedeuten, dass da immer wieder Herren kamen?

Schon wieder

Die hübsche Schauspielerin hat in ihrer ersten Rolle nur einen Satz zu sagen. Sie muss den eintretenden Diener unwillig fragen: «Was *willst* du schon wieder?» Bei der Premiere hat sie unerwarteten Erfolg, weil sie in der Aufregung anders betont: «*Was*? Willst du schon *wieder*?»

Sorge

Alter jüdischer Witz (ich hörte ihn als Student in Tübingen von Ernst Bloch) – aber inwiefern eigentlich jüdisch, außer dass er gut ist? Ein Familienvater, vormals, reist an einen entfernteren Ort, um sich dort, wie man ihm empfohlen hatte, wegen seiner schwankenden Gesundheit untersuchen zu lassen. Nach einigen Tagen erreicht die Familie dieses Telegramm: «Seid besorgt! Brief folgt.»

Menschen

Zwei Hunde reden über die Menschen. Der eine stellt fest: «Manchmal habe ich das komische Gefühl, dass sie jedes Wort von uns verstehen.»

Siebenbürgen

Was bei uns wie im Italienischen *Polenta* heißt, heißt im sogenannten Siebenbürgisch-Sächsisch, also in Rumänien, *Paluckes* (sächsisch meint hier einfach deutsch, hat also mit unserem Sächsischen gar nichts zu tun; im «Sächsischen» Rumäniens selbst sagt man «socksesch»). Die Polenta ist in Rumänien, wo sie rumänisch *mămăligă* heißt, überall sehr beliebt, auch unter den «Sachsen» in Siebenbürgen. Daher nun die Verse:

> Wo Kind und Hund Paluckes wirgen
> Ist meine Heimat Siebenbirgen.

Theatiner Kirche

Münchner Fremdenführer tun sich leichter, hört man, um sich verständlich zu machen oder um Rückfragen zu vermeiden, wenn sie von der «Tina-Turner-Kirche» sprechen.

Schnitzler

Der Vater des Schriftstellers Arthur Schnitzler war Arzt und zwar ein Kehlkopfspezialist. Sigmund Freud berichtet, ein als witzig bekannter Arzt-Kollege habe zu Schnitzler Sohn gesagt: «Ich wundere mich nicht, dass Sie ein großer Schriftsteller geworden sind. Hat doch schon Ihr Vater seinen Zeitgenossen den Spiegel vorgehalten.»

Schädelverletzung

Aus einem Bewerbungs-Lebenslauf zu Beginn der fünfziger Jahre: «Bei Ausbruch des Kriegs wurde ich zur Wehrmacht eingezogen. Eine Schädelverletzung ermöglichte mir dann aber das juristische Studium.»

Tübingen

Ein «Pedell», also ein Hausmeister, in der Tübinger Universität hatte vormals eine Dienstwohnung im obersten Stockwerk. Er annoncierte im «Schwäbischen Tagblatt»: «Zimmer an Student zu vermieten. Universität im Hause».

Geld

Eine Dame beschwert sich beim Psychiater über ihren Mann: Tag und Nacht denke er nur an sein Geld. Darauf der Psychiater: «Na, das werden wir bald haben!»

Gespalten

Ein Psychiater berichtet einem Kollegen: «Ich habe da unter meinen Patienten zur Zeit einen recht interessanten Fall – einen Mann mit vollkommen gespaltener Persönlichkeit». «Wirklich?», fragt der andere und meint: «Aber gut, so etwas ganz Besonderes ist dies ja auch nicht!». «Ja, ich weiß», sagt der erste, «aber die zahlen beide!»

Bis jetzt

Ein potentieller Mandant fragt einen Anwalt: «Was kostet bei Ihnen eine Beratung?» Darauf der Anwalt: «Bis jetzt 100 Euro!»

Schuttpatron

Nachdem Berlin von 1942 an sehr stark unter den Luftangriffen gelitten hatte, wurde der speziell für Berlin (als sogenannter Gauleiter) zuständige Goebbels dort als «Schuttpatron Berlins» bezeichnet.

Der Schweißhund

Jemand kauft bei einem Herrn Schindler einen sogenannten Schweißhund. Dies ist ein Jagdhund, der speziell zum Aufspüren des angeschossenen Wildes abgerichtet wurde – in der Jägersprache meint nämlich *Schweiß* Blut. Der Käufer ist aber mit dem Hund sehr unzufrieden und schreibt dem Herrn Schindler: «Das ‹w›, das bei diesem ‹Schweißhund› zuviel ist, fehlt in Ihrem Namen.»

Freiheitsstatue

«Das letzte Mal, dass ich in einer Frau war? Warten Sie – ja, das war vor drei Jahren in New York beim Besuch der Freiheitsstatue» (Woody Allen).

Junggeselle

Zu diesem Wort gibt es die Definition: «Das ist einer, dem zum Glück die Frau fehlt.»

Liebermann

Eine schwärmerische Bewunderin besuchte den Berliner Maler Max Liebermann. Sie verabschiedete sich von ihm hochbeglückt mit den Worten: «Verehrter Meister, das war die schönste Stunde meines Lebens!» Worauf Liebermann entgegnete: «Det woll'n wa nich hoffen, junge Frau!»

Heidegger

«Ich bin entschlossen. Nur weiß ich nicht, wozu.» Dies ist eine der Anekdoten um den Philosophen (oder besser: «Denker») Martin Heidegger schon aus seiner für ihn sehr wichtigen Marburger Zeit – für ihn war nämlich ‹Entschlossenheit› ein zentraler und von ihm selbst in besonderer Weise verstandener Begriff. Und er passte in jene verhängnisvoll entschlussfreudige Zeit!

Gans

Elfriede Heidegger, Martin Heideggers Frau, nannte man boshaft – die Martinsgans.

Bayern und Franken

Dem Bayern sein Gestank
das ist der Frank!

Salzstreuer

Eine Feministin in einem Restaurant: «Ach, bitte, bringen Sie mir doch eine Salzstreuerin!»

Imponieren

An der Bar wird getrunken. «Zum Wohl!», sagt einer. Ein zweiter stimmt bei und sagt: «Dato». Ein dritter korrigiert: «Du meinst ‹Dito›.» Darauf der zweite: «Du willst mir wohl imprägnieren!»

Münstertal 1

Wenn eine Münstertälerin sich schminkt – gemeint ist das Münstertal im Schwarzwald südlich von Freiburg –, was ist das? Antwort: Bauernmalerei.

Münstertal 2

Der ehemalige Bundespräsident Johannes Rau berichtete bei einem Besuch in Freiburg, am schönsten sei er einmal ganz in Freiburger Nähe, im Münstertal, empfangen worden. Da habe der Bürgermeister gesagt: «Noch nie war eine so hochkarierte Persönlichkeit in unserer Mitte!»

Hinterpommern

Bei einem Besuch in Hinterpommern soll Kaiser Wilhelm II. mit dieser Jubel-Inschrift empfangen worden sein:

> Laut tönt es ‹Heil!› aus Vorderpommern,
> doch aus dem hintern soll's noch lauter donnern.

Paradoxe

Wenn ein Angeklagter sitzen muss, nachdem er gestanden hat.
Wenn man einen Betrunkenen nicht für voll nimmt.
Wenn ein Mathematiker mit einer Unbekannten nichts anzufangen weiß.
Wenn ein Einarmiger in einen Second-Hand-Shop geht.
Wenn jemand in einem Schattenkabinett zum Minister für Solarenergie ernannt wird.

Der Schuh

Jemand trifft im Sommer bei einem Spaziergang einen Mann, der nur einen Schuh anhat. Er fragt ihn: «Haben Sie einen Schuh verloren?» – «Verloren?», fragt der Mann zurück. «Den hab ich gefunden.»

Selbstgespräche

Der Richter fragt die junge Zeugin: «Pflegt Ihr Freund Selbstgespräche zu führen, wenn er allein ist?» Die Zeugin: «Das weiß ich nicht. Ich war noch nie bei ihm, wenn er allein war.»

Auf und ab

Zwei Männer an der Theke. Der eine klagt: «Ich hab ein blödes eintöniges Leben, Tag für Tag derselbe Trott. Nicht die geringste Abwechslung!» Der andere: «Tut mir leid. Bei mir ist es ganz anders. Bei mir geht's immer auf und ab» – «Auf und ab? Wieso?» – «Ich bin Fahrstuhlfahrer.»

Ein Kind

Der ziemlich korpulente und witzige Politiker Carlo Schmid berichtete, er sei einmal auf einen Lehrer wartend auf einem Schulhof gestanden. Da sei eine Lehrerin auf ihn zugetreten und habe ihn gefragt: «Erwarten Sie ein Kind?» Da habe er geantwortet: «Nein, ich bin immer so dick!»

Politik

Einmal sagte Carlo Schmid in einer Rede im Bundestag über ein außenpolitisches Problem aus der Opposition an die Regierung gewandt: «In der Außenpolitik, verehrte Kolleginnen und Kollegen, ist es anders als in der Liebe. Da genügt nicht ein gemeinsames Kopfkissen, sondern da müssen solidere Grundlagen für eine Zusammenarbeit geschaffen werden!»

Fraternisierung

Nach dem letzten Krieg verboten die Alliierten die Fraternisierung – Verbrüderung – mit der deutschen Bevölkerung. Dazu Carlo Schmid: «Fraternisierungsverbote scheitern in aller Regel schon deshalb, weil Frauen keine Brüder sind.»

**Verabschiedungen unter Ärzten
(je nach ihrer Spezialisierung)**

Augenarzt: «Man sieht sich.»

HNO-Arzt: «Wir hören voneinander.»

Urologe: «Ich verpiss mich.»

Frauenarzt: «Also, bis bald! Und grüßt eure Frauen! Ich schau mal wieder rein.»

Seife

Richter: «Warum sind Sie denn ausgerechnet in einen Seifenladen eingebrochen?» Angeklagter: «Ja, weil es mir damals wirklich sehr dreckig ging!»

Namen

Der Pfarrer fragt im Religionsunterricht die Kinder nach ihrem Namen. «Wie heißt du?» – «Hannes.» – «Also», sagt der Pfarrer, «in Wirklichkeit heißt du nicht Hannes, sondern Johannes.» Dann fragte er den nächsten: «Und du – wie heißt du?» Der Schüler sagt: «Sepp». Darauf der Pfarrer: «Dann heißt du ganz richtig nicht Sepp, sondern Joseph.» Nun ist Kurt an der Reihe, und er sagt gleich: «Also, ich heiße Kurt, aber ganz richtig heiße ich Jokurt!»

Meningitis

Ein Freund wendet sich an Hintermoser. «Du, Hintermoser, deine Frau hat angerufen. Also, ich muss dir sagen: Geh schnell heim! Sie liegt mit Meningitis im Bett!» Darauf Hintermoser: «Was? Aber den wann i erwischen tu, den ausländischen Schlowacken, den dreckata ...!»

Veterinär

Gespräch: «Meine Tochter heiratet einen Veterinär!» – «Einen Veterinär? Ja, ist das so ein alter Herr?» – «Nein, nein, der ist jung, aber der isst kein Fleisch.»

Namensänderung

In der Nazizeit kommt jemand aufs Einwohnermeldeamt mit der Bitte um Namensänderung. «Wie heißen Sie denn?», fragt der Beamte. «Adolf Stinkfuß.» Darauf der Beamte: «Nun, dann ist Ihr Wunsch ja auch wirklich verständlich. Und wie, bitte, möchten Sie denn jetzt heißen?» – «Moritz Stinkfuß.»

Statuieren

«Da werden wir mal ein Exempel konstatieren müssen!»

Hypochondrisch

Jemand sagt: «Man hält mich allgemein für hypochondrisch, in Wirklichkeit bin ich aber schwer krank.»

Messbar, essbar

In einem wissenschaftlichen Kolloquium in den fünfziger Jahren wurde die Frage verhandelt: «Ist der Mensch messbar?» Am Ende der langen und hitzigen Diskussion wurde der berühmte Heidelberger Wirtschaftswissensschaftler und Soziologe Alfred Weber, der damals bereits reichlich taub war, gefragt, was denn nun seine Meinung zu der Frage sei. Der Gelehrte glaubte, die Frage verstanden zu haben, und sagte mit der lauten Stimme der Schwerhörigen: «Selbstverständlich ist der Mensch essbar!»

Tenor

Ein Tenor hat beim Zahnarzt einiges auszustehen. Der Zahnarzt äußert am Schluss der Sitzung verwundert seine Anerkennung: Er sei überaus tapfer gewesen. Darauf der Tenor: «Ja, also wissen Sie – ohne Gage kriegen Sie von mir keinen Ton.»

Wallenstein

Harald Schmidt über Schillers Wallenstein: «Das ist schon sehr eindrucksvoll – sechs Stunden Theater und kein einziges englisches Wort.»

Außenbordmotor

Anzeige (vielleicht scherzhaft oder erfunden): «Student mit Außenbordmotor sucht Sportfreundin.»

Ehedialog

Mann: «Nun denk doch mal logisch!» – Frau: «Ja, das könnte dir so passen!» (offenbar aus Kurt Goetz).

Raten Sie!

Ein Zoologie-Student im Examen. Der Professor deutet auf einen halb bedeckten Käfig, in dem nur die Beine eines Vogels zu sehen sind. Was für ein Vogel ist das?» – «Weiß ich leider nicht!» Darauf der Professor streng: «Ihr Name bitte?» Der Student zieht die Hosenbeine hoch und sagt: «Raten Sie mal!»

Die Mutter

Der Freund der Tochter des Hauses ruft an. Am Telefon ist aber die Mutter, und der Freund merkt es nicht. Schließlich sagt ihm die Mutter: «Tut mir leid, mein Junge, aber hier ist nicht Ihre Luxusjacht, hier spricht der alte Schraubendampfer.»

Studentinnenwohnheim

Eine Studentin berichtete mir etwas stockend, ihr Freund habe kürzlich ein Studentinnenwohnheim, an dem sie vorbeigeradelt seien, als «Schraubenlager» bezeichnet.

Kohl

Johannes Rau seinerzeit auf Helmut Kohl gezielt: «Mainz ist die Rache, spricht der Herr.»

Der deutsche Arbeiter

Ein Unternehmer fasst historisch zusammen: «Also, dem Arbeiter ging es in der Bundesrepublik immer besser; erst ging er zu Fuß, dann kam er mit dem Fahrrad, danach fuhr er Moped oder Roller, längst hat er nun sein Auto, und bald wird er fliegen.»

Etwas herausnehmen

In einem WC der Universität, im Pissoir, trifft ein Student einen seiner Professoren und sagt: «Endlich kann ich mir Ihnen gegenüber etwas herausnehmen.» Darauf der Professor: «Sie werden, befürchte ich, auch diesmal den kürzeren ziehen!»

Mitte

Ein Besucher bedankt sich schriftlich für eine Einladung: «Ich danke Ihnen sehr, liebe gnädige Frau, dass ich wieder einmal in Ihrer Mitte habe weilen dürfen.»

Flott (unter den Nazis)

Es gab in jener Zeit zwei gereimte Verschen, die – im Blick auf die dichterische Produktion der Jungen und Mädchen – offenbar und vorsichtig Distanz zum Regime markierten, nämlich:

Die deutsche Jugend dichtet flott
im Be-de-em und im Hajot.

(Der BDM war der «Bund Deutscher Mädchen» und die HJ die «Hitler-Jugend», und grammatisch ganz richtig müsste es wohl – *die* Jugend – «in *der* Hajot» heißen.)

Neurasthenie

Die Bezeichnung «Neurasthenie» meinte ursprünglich «Nervenschwäche», etwa in der Form leichter Reizbarkeit. Diese Diagnose war besonders Ende des 19. und zu Beginn des 20. Jahrhunderts im Schwang, jetzt ist sie durch andere Diagnosen wie Depression und Burn-out abgelöst worden. Damals gab es den sprachwitzigen Spruch:

«Haste nie, raste nie, dann haste nie Neurasthenie.»

Buenos Aires

In seinem Buch «Der echte jüdische Witz» erzählt Jan Meyerowitz einen Sprachwitz, über den, so sagt er (und man muss es ihm glauben), viele, viele deutsche Juden – oder besser: jüdische Deutsche – früher «Tränen gelacht» hätten. Da war die auf Anhieb völlig unmöglich scheinende Aufgabe gestellt worden, einen Satz mit den Namen «Buenos Aires», «Sarasate» (so heißt ein spanischer Komponist) und «Mississippi» zu bilden. Die Lösung lautet: «Bu, e Nos eire Sarah hat se, und mies issi, pi!» Also gut, es stimmt in einem Fall nur annähernd: Aus «Sarasate» wird hier «Sarahatse», eine Lautumstellung, ein Buchstabendreher oder, mit dem Fachwort der Sprachwissenschaft: eine Metathese.

Thema

Claudia hat ein neues Kleid. Es ist schön. Und es sitzt phantastisch. Sebastian, der mit ihr ausgeht, ist hingerissen. Spät abends bei ihr zu Hause sagt er: «Hör mal, Claudia, wir haben uns nun ausgiebig über das Kleid unterhalten – beim Essen, in der Theaterpause und auf dem Heimweg. Wollen wir das Thema nun nicht fallenlassen?»

Zu spät

Ein Schauspieler fällt aus. Ein Laie, der sich begeistert gemeldet hatte, springt für ihn ein. Da er auch nur ganz wenig zu sagen hat, nimmt man ihn auch. Er hat die Rolle eines Arzts, der zu einem bestimmten Zeitpunkt kurz auftreten muss. Aufgeregt wartet der Mann hinter den Kulissen, will mehrfach vorzeitig auf die Bühne hinaus. Der Inspizient bremst ihn jedes Mal: «Nein, noch nicht!» Schließlich aber gibt er ihm das Zeichen: «Jetzt!» Der Mann tritt auf die Bühne. Ein Herr, der neben einer offenbar leblosen auf dem Bett liegenden Frau steht, sagt ihm bitter, denn so steht es in seiner Rolle: «Sie sind zu spät gekommen!», worauf der Hinzugekommene lautstark erklärt: «Beschweren Sie sich bei dem hinter dem Vorhang! Ich wollte früher kommen, aber der hat mich immer wieder daran gehindert!»

Traum

Der Abteilungsleiter sagt zu seiner neuen Mitarbeiterin: «Heute Nacht habe ich sehr schön von Ihnen geträumt.» Darauf sie schnippisch kühl: «So, haben Sie?» – «Nein», sagt er, «ich bin vorher aufgewacht.»

Nach Krakau

Ein Witz, den Freud in seinem Witzbuch erzählt. Und er nennt ihn – zu Recht – eine «kostbare Geschichte». Zwei Juden treffen sich im Eisenbahnwagen einer galizischen Station. «Wohin fahrst du?», fragt der eine. «Nach Krakau», ist die Antwort. «Sieh her, was du für ein Lügner bist», braust der andere auf. «Wenn du mir sagst, du fahrst nach Krakau, willst du doch, dass ich glauben soll, du fahrst nach Lemberg. Nun weiß ich aber, dass du wirklich fahrst nach Krakau. Also – warum lügst du?»

Verreist

Treffen sich zwei Juden. «Wo warst du die letzten sechs Monate?» – «Verreist.» – «Warum hast du nicht Berufung eingelegt?»

Jom Kippur

Am Versöhnungstag, dem «Jom Kippur», soll ein frommer Jude allen Glaubensgenossen vergeben. An diesem Tag trifft ein Jude nun in der Synagoge seinen ärgsten Feind und Konkurrenten. Er geht auf ihn zu und streckt ihm die Hand entgegen, indem er sagt: «Ich wünsche dir alles, was du mir wünschst!» Darauf der andere: «So, du fängst also schon wieder an.»

Familie Haglich

Ein junger Mann wird von einer Familie namens *Haglich* zum Kaffee eingeladen. In der Familie gibt es zwei Töchter – Anna und Cecilia. Dem jungen Mann gefällt es in diesem Kreise, und er erklärt schließlich, zwischen A und C, zwischen Anna also und Cecilia Haglich fühle er sich be-haglich. Dieser Witz wird dann durch die Frage vervollständigt, wie es wäre, wenn die Familie «Schissen» hieße.

Idiot

Zwei Freunde streiten sich. «Du brauchst nicht zu glauben, dass ich ein vollkommener Idiot bin!» – «Tu ich doch gar nicht! Niemand ist vollkommen.»

Wahrheit

Ein Schaupieler beklagt sich bei seiner Frau über die Lügen, die die Medien über ihn verbreiten. Seine Frau sagt: «Sei doch froh, dass sie nicht die Wahrheit sagen.»

Klasse

Baronin von Trittgenstein zeigt dem neuen Dienstmädchen deren Zimmer. «Hier steht Ihr Radio, hier Ihr Fernseher und dort das Telephon.» Anna: «Klasse!» – «In diesen Schrank können Sie, wenn Sie wollen, achtzig Kleider hängen, und sehen Sie mal das: hier haben Sie Ihr eigenes Sitzbad!» – «Klasse!» – «Ausgang Samstag ab fünf Uhr nachmittag und Sonntag. Und jährlich zwei Wochen bezahlte Ferien.» – «Klasse!» – «Sagen Sie mal, können Sie kein anderes Wort als Klasse?» – «Doch, Bumsen!» – «Was ist denn das?» Anna flüstert: «Klasse!»

Jeder auf seine Weise

Ein katholischer und ein evangelischer Geistlicher diskutieren über theologische Fragen. Sie werden sich nicht einig. Schließlich sagt der katholische Pfarrer begütigend: «Aber gut, wir dienen beide dem gleichen Herrn. Sie auf Ihre Weise, ich auf seine.»

«Herr N.»

Freud nennt einen geistreichen Wiener Zeitgenossen den «Herrn N.» Von ihm zitiert er einige Sprüche. Zum Beispiel sagte der Herr N. über einen im öffentlichen Leben stehenden Mann: «Ja, die Eitelkeit ist eine seiner vier Achillesfersen.» Die Gemeinheit liegt natürlich in dem Wort vier. Über einen eben zurückgetretenen Landwirtschaftsminister, der von Beruf selbst Landwirt war, sagte er: «Er ist auf seinen Platz vor dem Pflug zurückgekehrt.»

Laster

Papst Leo XIII., der 1810 geboren wurde und von 1878 bis 1903 Papst war, bot einmal aus seiner Schnupftabakdose einem Kardinal, den er offenbar nicht besonders mochte, eine Prise an. Der Kardinal sagte: «Danke, Eure Heiligkeit, aber dieses Laster habe ich nicht!» Der Papst entgegnete: «Wenn es eines wäre, hätten Sie es!»

Mond und Flüchtling

Ein Sprachwitz aus der Nachkriegszeit, als überall in Deutschland Flüchtlinge oder Vertriebene waren – der Witz entspricht der Sicht der Einheimischen: «Der Mond ist auch ein Flüchtling?» – «Wieso? – «Ja, er hat einen Hof.» Dass sie dort, wo sie herkamen, einen Hof gehabt hatten, hörte man von den Flüchtlingen oft. Und natürlich hat es oft, vielleicht gar zumeist gestimmt. Es war einfach nicht nachprüfbar, und so war bei den Einheimischen der Eindruck: «Das kann jeder sagen.»

Transformatoren

Aus derselben Zeit, dieselbe Thematik, nur aus anderer Sicht: aus der der Flüchtlinge oder derjenigen, die für sie Verständnis hatten (das gab es ja auch). Gespräch irgendwo im Schwäbischen zwischen einer Frau und Bauarbeitern, die Transformatorenhäuschen bauen: «Ja, was bauet'r au do für komische Häusla?» – «Ha, des gibt Transformatorahäusla.» – «Ja, wer kommt denn do nei?» – «Hano, gell, Transfomatora halt.» – «Wia hoißet dia? Oh, des werdet auch wieder so Flichtleng sei!»

Uhrzeit

Erich Kästner notierte einmal zu einer Opernaufführung (vermutlich war's eine Wagner-Oper): «Um Mitternacht schaute ich auf die Uhr. Es war halb neun.»

Sex

Auf einer Postkarte («Art unlimited Amsterdam»): «Fuck sex!» Auf einer anderen der Kalauer: «Ich brauch keinen Sex, das Leben fickt mich jeden Tag.»

Inkorrekter, auch grob unfeiner Kalauer, trotzdem (pardon!) – wegen des Wortspiels:

Gott gab dem Menschen Intelligenz, Ausnahmen bekamen die Regel.

Blödsinn

Lieber mit Betty im Wald als mit Waldi im Bett

Varianten

«Hässliche Grütze aus Schläfrig-Holzbein» und «Schließlich Holzbein Meerumschlungen» (letzteres nach dem Lied «Schleswig-Holstein Meerumschlungen»).

Milch

Ein Rabbi setzt sich in einem Lokal zu einem blinden Säufer. Er will ihm gut zureden: «Trink doch Milch!» Darauf der Säufer: «Was ist Milch?» Der Rabbi: «Milch ist eine weiße Flüssigkeit.» – «Nun, und was ist weiß?» – «Weiß ist zum Beispiel ein Schwan.» – «Ja, und was ist ein Schwan?» – «Ein Schwan, das ist ein großer Vogel mit einem langen krummen Hals.» – «Gut, aber was ist krumm?» – «Krumm?», sagt der Rabbi, «nun, ich werde meinen Arm biegen, und du wirst ihn abgreifen. Dann weißt du, was krumm heißt.» Der Blinde tastet sorgfältig den aufwärts gebogenen Arm des Rabbi ab und sagt schließlich: «Jetzt weiß ich, was Milch ist.»

Zu diesem berühmten jüdischen Witz gibt es einen Anschlusswitz: Ein Jude wandert nach Australien aus, weil dort schon ein Freund von ihm ist. Der holt ihn am Hafen ab und begrüßt ihn so: «Du, hör mal, also das ist hier ein ganz merkwürdiges Land. Hier sind die Schwäne schwarz!» – «Was», entgegnet der andere, «die Schwäne schwarz?» und fragt sogleich: «Ja, hör mal, wie erzählt ihr dann hier die Geschichte mit dem Blinden und der Milch?»

Beim Arzt

Der Arzt nach der gründlichen Untersuchung des Besuchers: «Also, lassen Sie es mich mal so sagen: Sie brauchen sich, was Sie persönlich betrifft, um die steigende Zahl der Verkehrstoten, die zunehmende Kriminalität und um die Umweltverschmutzung keine Sorgen zu machen!»

Vatikan

Während des letzten Konzils wurde der Raum für Erfrischungen neben der Konzilshalle als «Bar Jona» bezeichnet. Nur gute Kenner der Evangelien wären in der Lage zu sagen, wie es zu dieser sprachwitzigen Bezeichnung kam. Der Papst ist der Nachfolger des Apostels Petrus, und «Bar» gehört zum ursprünglichen Namen dieses Apostels, nämlich: «Simon Bar Jona», also «Simon Sohn des Jona»; so redet ihn Jesus, der ihn sonst einfach «Petrus» nennt, an einer feierlichen und wichtigen Stelle an (Matthäus, 16, 16–17).

Werner Fink

In der Nazizeit suchte der Komiker Werner Fink, so gut es ging, etwas Spott loszuwerden. Einmal sagte er: «Ich stehe zu jeder Regierung, unter der ich nicht sitzen muss.» Einer rief dazwischen: «Sie sind wohl Jude!» Darauf Fink: «Nein, bin ich nicht, ich sehe nur so intelligent aus.» Und einem Herrn, den er eifrig mitschreiben sah, sagte er: «Kommen Sie mit? Oder muss *ich* mitkommen?»

Der stotternde Bibelverkäufer

Ein Stotterer bietet sich an, für einen Verlag Bibeln zu verkaufen. Der Mann vom Verlag ist mehr als skeptisch, schließlich aber gibt er ihm eine Bibel. Nach zehn Minuten kommt der Stotterer mit dem Geld zurück und sagt «V-V-Ver-k-k-kauft!» Der Mann vom Verlag gibt drei Bibeln, und schon nach einer Viertelstunde ist der Stotterer wieder zurück: «Aaallle drei vv-verkkkauft!» Da gibt er ihm zehn Bibeln, und wieder hat der Mann in einer guten halben Stunde alle verkauft. Schließlich erhält er auf einer Schubkarre siebzig Bibeln und macht sich mit ihnen auf den Weg. Am Abend sind alle verkauft. «Also unglaublich», staunt der Mann vom Verlag und fragt: «Nun sagen Sie mir bloß, wie haben Sie dies gemacht?» Der Stotterer sagt: «Eigentlich ganz einfach. Ich hhhaab die Llleuttte vor die Wahl gestellt ‹Kauffffen oooder ich llleessse vvvoor!›»

Sprachfehler

Etwas sitzt auf einem Baum, nachts, und schreit «Aha!» Was ist das? Antwort: Ein Uhu mit Sprachfehler!

Der Zuchtstier

In einem Dorf wurde über dem Stall des Zuchtstiers, der eben angeschafft worden war, die Inschrift angebracht: «Alle für einen, einer für alle!»

Glück und Pech

Erst hat man kein Glück, und dann kommt auch noch Pech dazu.

Verarschen

Verarschen kann ich mich selber! – Ja, aber ich kann's besser!

Currywurst mit Pommes rot-weiß

Bottroper Schlemmerplatte

Fischstäbchen

Forelle vierkant

Graue Haare bekommen

Der Esel bricht durch.

Einsetzende Glatzenbildung

Die Stirn gewinnt an Höhe.

Synonyme

Für Hund *Flohbeutel*, für Scheitel *Lausallee*, für Raucherhusten *Friedhofsjodler*.

«Nun jauchzet all, ihr Frommen!»

Kirchliche Ankündigung: «Gottesdienst 11 Uhr (der letzte, den Herr Weber als Vikarsanwärter hält)». – Choral: «Nun jauchzet all, ihr Frommen.»

Bargespräch

«Wie war nochmal dein Name?» – «Den hab ich noch gar nicht genannt!»

Esel

Aus dem Prospekt eines kleinen italienischen Bergdorfs: Wir bieten Ihnen Abgeschiedenheit. Die Wege zu uns hinauf sind nur für Esel passierbar. Sie werden sich bei uns zu Hause fühlen.

Guten Appetit!

Wie man Wörter aus der Situation heraus erlernt. Ein Amerikaner namens Markowitz erhielt auf einem Kreuzfahrtschiff seinen Tischplatz neben einem Franzosen. Der Franzose sagte, als Markowitz sich zum ersten Mal neben ihn setzte, «Bon appétit!». Markowitz nickte und sagte «Markowitz», denn er meinte, der Franzose habe sich ihm vorgestellt. Dies ging so mehrere Tage hindurch. Markowitz berichtete einem anderen Reisenden aus Amerika von diesem einsilbigen Austausch. Der klärte ihn darüber auf, was der Franzose meinte. Beim nächsten gemeinsamen Essen sagte dann Markowitz: «Bon appétit!» Daraufhin sagte der Franzose freundlich: «Markowitz!»

Kalauer 1

Jemand bittet seinen Bruder genervt, nun endlich definitiv keine Kalauer mehr zu machen, und der antwortet: «Also gut, du sollst von nun an von mir keinen Kalauer mehr hören – und wenn du lauerst, bis du kahl wirst.»

Kalauer 2

Norddeutsch geredet ist ein Kalauer mit diesem Wort selbst möglich. Da wird ja die sehr häufige auslautende Silbe ‹-er› zu einem ‹a›, also *Kalauer* zu *Kalaua*, somit *Kal-Aua*. Man sagt ja üblicherweise ‹au› oder ‹aua›, wenn man den Witz doof findet. Was dieses ‹-er› angeht, berichtete mir eine süddeutsche Grundschullehrerin, die Christa heißt und in Norddeutschland unterrichtet, ihr Name werde dort von angehenden ABC-Schützen nicht selten (und unter dieser Voraussetzung ganz verständlich und geradezu korrekt) ‹Christer› geschrieben – der Fehler zeigt, dass diese Schüler bereits etwas von der Entsprechung (oder Nicht-Entsprechung) von Sprechen und Schreibung verstanden hatten.

Mercedes

«Ach, Sie fahren Mercedes?» – «Ja, wissen Sie, das bin ich meinem Beruf schuldig!» – «Und Sie haben schon als junger Mann so viel Geld?» – «Nein, das bin ich meiner Bank schuldig.»

Frei

Es war zu der Zeit, als die (damalige) Tschechoslowakei durch die (damalige) Sowjetunion beherrscht war. Ein Tourist kommt am Bahnhof in Prag an, sucht ein Taxi und fragt den Fahrer des ersten, auf das er trifft: «Sind Sie frei?» Der Mann antwortet lächelnd: «Nein, ich bin Tscheche.»

Willy Brandt und Walter Ulbricht

Brandt: «Ich sammle Witze, die die Leute über mich machen.»
Ulbricht: «Ich sammle Leute, die Witze über mich machen.»

Krokodil

Ein Krokodil hat einen Komiker gefressen und stellt fest: «Schmeckt irgendwie komisch.»

Chemie

Ein Chemieprofessor sagt den Studenten zu dem Experiment, das er dabei ist durchzuführen: «Also wenn ich nicht sehr vorsichtig bin, fliegen wir alle in die Luft. Ja, und dann, bitte, treten Sie doch etwas näher, dass Sie mir besser folgen können!»

Ausweisen

Ein Polizist in Deutschland fragt einen farbigen Mann, der ihm verdächtig vorkommt: «Können Sie sich ausweisen?» Der Mann antwortet in fließendem Deutsch: «Ja, muss man das jetzt schon selber tun?»

Martin Luther

Die Geschichte nahm einen anderen Lauf, als Luther mit seinen 95 Prothesen an die Schlosskirche von Wittenberg schlug.

Delphi

Februar 1943 endete mit einer furchtbaren Niederlage für die Deutschen, einer Katastrophe, der Schlacht um Stalingrad. Zu dieser Zeit war in Griechenland Delphi, der Ort des berühmten antiken Orakels, in deutscher Hand. Dieses war seit jeher durch seine ausdeutbaren, also unklaren Auskünfte bekannt. Das Orakel von Delphi wurde befragt: «Dürfen wir jetzt noch an den Sieg glauben?» Die Antwort lautete, so die Geschichte: «Jetzt müsst ihr alle daran glauben.»

Psch!

Der neue Kurgast weiß noch nicht, dass es unerwünscht ist, bei Tisch über körperliche Beschwerden zu reden. Er sagt zu seinem Nachbarn: «Welche Wirkung beobachten Sie denn beim Brunnentrinken?» Der Nachbar wehrt ab: «Psch! Psch!» Der neue Gast nickt und sagt: «Ja, bei mir auch.»

Gerstenkorn

Patient: «Ich habe ein Gerstenkorn, Herr Doktor!» Der Arzt untersucht kurz und sagte: «Ja, richtig. Im Moment kann ich Ihnen nur eine Salbe verschreiben. Behalten Sie es im Auge!»

Abteilungsleiter

Also, wer glaubt, dass ein Abteilungsleiter eine Abteilung leitet, glaubt auch, dass Zitronenfalter Zitronen falten.

Bügelfrei

«Ist dieses Hemd auch wirklich bügelfrei?», fragt der Kunde. Die Verkäuferin: «Aber selbstverständlich! Ich hab den Bügel rausgenommen!»

Freitag

Was haben Beamte und Robinson Crusoe gemeinsam? – Beide warten auf Freitag.

Bienen

Warum gehen Bienen nicht in die Kirche? – Nun, sie sind in-Sekten.

Unrunde Ringe

Welche Ringe sind nicht rund? Die Heringe.

Flügel

Eine Dame der besseren Gesellschaft bat den Komponisten Max Reger, ihrer Tochter Klavierstunden zu geben. Er stimmte zu. Nach einem halben Jahr erkundigte sich die Frau vorsichtig über den Erfolg. Da sagte Reger: «Gnädige Frau – wie soll ich es sagen ...? Sagen wir so: Ohne Flügel wäre Ihre Tochter ein Engel!»

Engel

«Meine Frau ist ein Engel!», sagt ein Mann an der Bar. «Ach», sagt der andere, «meine lebt noch!»

Nachtragen

«Man soll niemandem etwas nachtragen, wir haben alle genug zu schleppen» (so der seinerzeit berühmte theologische Schriftsteller Johannes Müller, zitiert von Ludwig Reiners).

Hierzu ausnahmsweise eine ins Sprachwissenschaftliche gehende Anmerkung. Das Wort «nachtragen» wird in diesem hübschen Kalauer-Spruch sozusagen ganz durchsichtig gemacht – jemandem etwas nachtragen: also jemand geht voraus, und ihm wird etwas *nach*getragen, so wie vormals Kofferträger auf den Bahnhöfen ihren Kunden den oder die Koffer nachtrugen. Müller nimmt also «nachtragen» ganz konkret oder buchstäblich und findet dann solches Nachtragen unsinnig, weil ja *jeder,* schon für sich selbst, genug zu tragen hat. Eigentlich meint «nachtragen» allerdings etwas anderes, nämlich «einen Vorwurf gegenüber jemandem haben, von früher her, der gleichsam wachgehalten wird». Dieser eigentlichen Bedeutung gegenüber, in der «nach» einen zeitlichen Sinn hat, wird nun also die buchstäbliche, in der «nach» wieder ganz räumlich wird, durch diesen Spruch erneut hervorgeholt und lebendig gemacht – der Spruch ist richtig, aber seine Begründung ist natürlich Humbug.

Der Kopfverband

Ein Patient beschwert sich bei seinem Arzt: «Herr Doktor, also seit Sie mir diesen Kopfverband angelegt haben, höre ich am Telephon immer: ‹Sie sind falsch verbunden!›»

Kasten in Indien

Aus einem Gespräch über Indien: «Die Leute sollen dort ja in Kasten leben. Ich stelle mir das furchtbar vor.»

Unternehmer

«Wir sind Unternehmer, keine Unterlasser.» So berichtet von einer Rede bei einem Neujahrsempfang der Unternehmer in Freiburg – vermutlich ein Zitat. Hierzu auch der Satz: «Wir haben in diesem Land zu viele Unternehmer und zu wenige Unterlasser.»

Klagen

Ein junger Anwalt trifft einen ebenfalls noch jungen Arzt. «Wie geht es Ihnen?» – «Gut», sagt der Arzt, «ich kann nicht klagen. Und wie geht's Ihnen?» – «Schlecht», sagt der Anwalt, «ich kann nicht klagen.»

Taschendiebe

Zwei Taschendiebe begegnen sich in einem großen Bahnhof. «Nun, wie geht's?», fragt der eine. Der andere: «Wie man's nimmt!»

Sehr kurzes Gespräch zwischen einem Weißen und einem Farbigen

Der Weiße: «Du schwarz.» – Der Farbige: «Ich weiß.»

Wahrsager

«Was siehst du in der Kristallkugel?», fragt der Scheich seinen Wahrsager. Der antwortet nach intensivem Betrachten: «Ja, Moment, doch, ja, jetzt sehe ich ganz deutlich eine große Dürre auf uns zukommen.» Darauf der Scheich: «Eine kleine Dicke wär mir lieber!»

Kavalier

Der kleine Helmut lässt in der vollbesetzten Straßenbahn, indem er seinen Platz anbietet, eine Frau mit einem Baby sitzen. Die Frau sagt zu ihm: «Danke! Du bist aber ein Kavalier.» Einige Tage später werden in der Schule Fremdwörter durchgenommen. Der Lehrer will wissen, was ein Kavalier ist. Helmut meldet sich: «Ein Kavalier ist jemand, der eine Frau mit einem Kind sitzen lässt.»

Hose

Alles geht in der Welt natürlich zu. Nur meine Hose geht natürlich nicht zu.

Schwuler Adler

Wohin fliegt ein schwuler Adler? – Er fliegt zu seinem Horst.

Akustik

Ein Konzertbesucher leise zu einem anderen: «Die Akustik ist heute schlecht.» Darauf, nach einer kleinen Pause, der andere: «Ja, richtig, jetzt höre ich sie auch.»

Näheres

Aus einer Rezension: «Näheres würde zu weit führen.»

Bestellen

Eine Familie vom Land geht in ein edles Restaurant in der Stadt, weil sie sich dort mit einem Verwandten treffen will. Der Ober fragt: «Was darf ich Ihnen bringen?» – «Nichts», sagt der Vater, «wir sitzen bloß da.» – «Aber bitte, Sie müssen hier schon etwas bestellen.» – «Ja, gut, dann bestellen Sie dem Koch einen schönen Gruß. Wir seien jetzt da.»

Riegel

Meldung aus dem Kultusministerium eines Bundeslands: «Der Minister beabsichtigt, dem Verzehr von Schokolade in den Schulen einen Riegel vorzuschieben.»

Schokolade

Zwei Tafeln Schokolade fallen die Treppe runter. Die eine sagt: «Mann, ich hab mir ein paar Rippen gebrochen.» Und die andere: «Ich bin voll auf die Nüsse gefallen.»

Weightwatchers

Jemand sagt: «Also, ich wollte abnehmen. Aber es hat nicht geklappt. Ich habe die ‹Weightwatchers› angerufen. Aber die haben nicht abgenommen!»

Die ganze Kirche

Ein Pfarrer zu Beginn des Gottendienstes: «Da heute unser Organist leider nicht spielen kann, werde ich selbst jetzt unser erstes Lied anstimmen. Danach fällt die ganze Kirche ein!»

Ansichtskarte

Der Richter fragt: «Warum haben Sie denn Ihrem Nachbarn per Postkarte geschrieben, er sei ein Betrüger?» Der Gefragte rechtfertigt sich: «Man wird doch noch eine Ansichtskarte schicken dürfen!»

Hamlet

«Was, der Sohn von dem Müller heißt ‹Hamlet›? Wie kam er denn da drauf?» – «Ja nun, sein oder nicht sein, das war hier die Frage.»

Abführmittel

Antwort auf die Frage, ob es ein Abführmittel gebe, das weder eine Tablette noch eine Flüssigkeit zum Einnehmen ist: Handschellen.

Alberne Definitionen

Was ist ein Autograph? Antwort: ein motorisierter Feudalherr. Tatsächlich ist ein Autograph «ein eigenhändiges Schriftstück einer bedeutenden Persönlichkeit» (Duden). Dann: Was sind Automaten? Antwort: Gartenfrüchte aus feuchten Niederungen (Au-Tomaten).

Herausholen

Erich Honecker, weiland «Vorsitzender des Staatsrats der DDR»: «Wir können noch viel mehr aus unseren Betrieben rausholen.»

Förster-Nietzsche

Nietzsches Schwester Elisabeth, die ihren Bruder um 35 Jahre überlebte, hieß nach ihrem Mann, der ebenfalls lange vor ihr starb, Förster-Nietzsche. Die Witwe lebte in Weimar. Bei einem Empfang im dortigen Schloss wurden beim Eintritt in den Saal die Namen der Hereinkommenden, wie es früher üblich war, ausgerufen. Man teilte dem dafür zuständigen Diener seinen Namen mit, und der rief ihn dann laut in den Saal, so dass man wusste, wer da neu hinzugekommen war. Elisabeth sagte ihm: «Förster-Nietzsche». Worauf sich der Diener so vernehmen ließ: «Frau Oberförster Nietzsche!»

Fichte und Schopenhauer

«Das Ich setzt sich selbst.» So der berühmte Satz des Philosophen Fichte zu Beginn seiner «Grundlagen der gesamten Wissenschaftslehre» (1794/95). Als Kommentar zu dem Satz zeichnete Schopenhauer daneben an den Rand der Seite seines Exemplars einen Stuhl ...

Elbbrücke

Bei Beginn des Krieges von 1866 (gegen die Österreicher) erschreckte Moltke Bismarck mit der Nachricht: «Die Sachsen haben die Dresdener Elbbrücke gesprengt.» Und er beruhigte den erschrocken Emporfahrenden mit dem Satz: «Sie war auch schon sehr staubig.»

Dialog

«Liebst du mich auch?» – «Ja, dich auch!»

Johannes Rau

Eine als «launig» gemeinte Rede vor überwiegend nicht seiner Partei, also der SPD, angehörendem Publikum begann Johannes Rau so: «Genossen – habe ich diesen Abend bisher ...»

Alkohol

Richter: «Hatten Sie bei dem Einbruch einen Genossen?» – Angeklagter: «Herr Richter, ich war absolut nüchtern.»

Theaterkritik

Ein junger Schauspieler möchte von einem Kritiker gelobt werden. Er trifft sich mit ihm in einem Lokal und verspricht ihm einen Geldbetrag. Der Kritiker erhält diesen aber nicht. Daraufhin schreibt er in seiner Kritik über ihn: «Ein nicht unsympathischer junger Schauspieler, der viel verspricht – man wird sehen, ob er es hält!»

Lieblingsvogel

Bekanntlich gibt es unter den deutschen Politikern zwei jetzt nicht mehr amtierende, die beide Vogel heißen, Brüder sind, sich untereinander sehr gut verstehen, aber verschiedenen Parteien angehören: Hans-Jochen, der Ältere von beiden, ist bei der SPD, Bernhard bei der CDU. Bei der «Frankfurter Allgemeinen Zeitung» gab es früher den sogenannten Marcel-Proust-Fragebogen, den Prominente ausfüllen durften. Da war auch die Frage «Ihr Lieblingsvogel?». Jemand beantwortete sie mit «Hans-Jochen».

Per Anhalter

«Bist du per Anhalter gekommen?» – «Per Anhalter? Wieso?» – «Du siehst so mitgenommen aus.»

Zu allem fähig

Der Bursche ist zu allem fähig und zu nichts zu gebrauchen.

«Bilder einer Ausstellung»

So heißt ein Klavierstück (1874) von Modest Mussorgsky, zu welchem Maurice Ravel eine sehr schöne Orchsterbearbeitung komponiert hat (es gibt aber noch andere). Doch nun geht es um den Fall Cornelius Gurlitt, den man ebenso gut den Fall mehrerer Behörden, angefangen mit der Staatsanwaltschaft Augsburg, nennen könnte. Bekanntlich wurden schon 2012 weit über 1000 zum Teil äußerst wertvolle Gemälde, Zeichnungen und Drucke in der Wohnung von Cornelius Gurlitt in München-Schwabing gefunden (und das Salzburger Haus kam später noch hinzu). Darüber gab es offenbar ein Radio-Feature mit dem geistreichen Titel «Bilder keiner Ausstellung». Doch war diese Umformung des Mussorgsky-Titels schon der Titel eines bereits 2011 erschienenen Romans von Peter F. Matzner mit dem Untertitel «Zwei tollkühne Reporter gegen die Mafia».

Das erfolgreiche Ehepaar

Freud berichtet in seinem berühmten Buch über den Witz («Der Witz und seine Beziehung zum Unbewussten», 1905): «Das Ehepaar X lebt auf ziemlich großem Fuß. Nach der Ansicht der einen soll der Mann viel verdient und sich dabei etwas zurückgelegt haben, nach anderen wieder soll sich die Frau etwas zurückgelegt und dabei viel verdient haben.»

Freud

Ein lockerer Spruch, der Freuds Ansatz jedenfalls nicht direkt widerspricht: «Wenn einer eine Schraube locker hat, liegt es an der Mutter.»

Ärztlicher Hausbesuch

Der Kranke zum Arzt: «Herr Doktor, dass Sie spät am Abend noch zu mir gekommen sind, rechne ich Ihnen hoch an.» Darauf der Arzt: «Ich Ihnen auch.»

Hysterische Rückkehr

Im Jahr 1965 trat der große Pianist Vladimir Horowitz nach einer sehr langen, psychisch bedingten Pause zum ersten Mal – und zwar triumphal in der Carnegie Hall in New York – wieder auf. Seit 1953, also zwölf Jahre lang, hatte er kein öffentliches Konzert mehr gegeben. Man sprach damals, sehr zu Recht, von einem «historic return». Der ebenfalls große, weit jüngere und ganz andere Pianist Glenn Gould sprach in Anlehnung daran von einem «hysteric return».

Pour le Mérite

«Pour le Sémite» nannte man unter Juden in Deutschland den Judenstern, den die Juden (besser: die jüdischen Deutschen, denn sie waren ja einfach Deutsche) deutlich sichtbar zu tragen hatten (in Viktor Klemperers berühmtem Tagebuch 1933–1945 «Ich will Zeugnis ablegen bis zum Letzten» findet sich immer wieder der Ausdruck «Sternträger»). Manche sagten dann auch, sie seien auf diesen Orden stolz: es sei der einzige, den Hermann Göring, auf dessen Uniform kein Orden fehlte, nicht tragen könne. (Übrigens musste dieser Stern auch außerhalb Deutschlands, wo immer die deutschen Truppen hinkamen, von den Juden getragen werden.)

Hungern und Frieren

Im Dritten Reich gab es zeitweilig die Parole: «Keiner soll hungern, keiner soll frieren!» Jemand, der dies auf einer Anschlagsäule las, bemerkte dazu: «Auch das also dürfen wir nicht!»

Wahl

Am Telefon (wieder im Dritten Reich). Es klingelt, jemand fragt: «Hallo, ist dort Müller?» – «Nein, hier ist Schmitz» – «Ach, tut mir leid. Da hab ich falsch gewählt.» – «Macht nichts. Das haben wir doch schließlich alle getan!»

Witze

Frage in der Nazizeit: «Was gibt es für neue Witze?» – Antwort: «Sechs Monate KZ – mindestens.»

Der deutsche Gruß

Der unter den Nazis sogenannte «deutsche Gruß» war bekanntlich «Heil Hitler!». Und es gab damals gab die als Witz gemeinte zweideutige Definition: «Der deutsche Gruß ist zu erweisen durch aufgehobene Rechte.» Das grammatisch eigentlich erforderliche «die» («die aufgehobene Rechte») wurde also weggelassen, um die Zweideutigkeit herzustellen, weil es sonst «die aufgehobenen Rechte» heißen müsste ...

Stuttgart

Morgens ein Nebelmeer, nachmittags ein Häusermeer, abends ein Lichtermeer und nachts gar nichts mehr.

James Watt

Ein etwas schwerhöriger Ostfriese beteiligt sich an einem Quiz. Der Quizmaster: «Hier nun also meine erste Frage: Wer hat die Dampfmaschine erfunden?» Der Ostfriese unsicher: «Wat?» Der Quizmaster: «Bravo! Sie haben 500 Euro gewonnen!»

Sitzen

Warum muss der Meyer sitzen? Weil er gestanden hat...

Vater

Der Richter fragt den jungen Angeklagten: «Ihr Alter?» Antwort: «Der wartet draußen!»

Alle Stricke

«Wenn alle Stricke reißen, häng ich mich auf!» (Johann Nepomuk Nestroy, österreichischer Dichter, 1801–1862) Nach Franz Schuh ist dieser zusammengesetzte Satz (Bedingungssatz plus Hauptsatz) der «Inbegriff» eines Sprachwitzes – hier entstehe «die Logik der Unlogik beim Wechsel vom Bildlichen ins Wörtliche, von der Metapher in die traurige Realität. Wer so spricht, hat nicht nur Sprachwitz; er setzt die Sprache im Spiel um Leben und Tod ein und hält, wenn alle Stricke schon gerissen sind, noch an ihr fest.» Dies ist ist nicht nur schön und witzig gesagt: Es ist auch etwas dran – es ist richtig – so richtig hier überhaupt etwas sein kann. Schuh schrieb dies in einer Besprechung (in der «Zeit») meines, diesem hier vorausgehenden, Sprachwitzbuches «Das ist bei uns nicht Ouzo» (2006).

St. Helena

Berni ist dabei, ein Kreuzworträtsel zu lösen und fragt seine Mutter: «Wo ist Napoleon gestorben?» – «Auf Helena.» – «Oh, ausgerechnet.»

Hasenstück

Von Albrecht Dürer gibt es die wunderschöne Zeichnung «Das kleine Rasenstück». Eine andere auch berühmte Zeichnung Dürers ist «Der Hase». Da hat man nun analog von dem «Kleinen Hasenstück» gesprochen.

Gleichmäßig

Werbung für ein Haarfärbemittel: «Mit unserer neuen Tönung fällt Ihr Haar schon nach dem ersten Versuch gleichmäßig aus.»

Karneval

Zwei Studentinnen treffen sich nach dem Karneval (dem Fasching oder der Fasnacht): «Bin ich froh, dass die Tage vorüber sind!», sagt die eine. Und die andere: «Und ich wäre froh, wenn sie wiederkämen.»

Versprecher 2
(lauter sogenannte Metathesen)

Knick dich ins Vieh!

Ich bin von der Stolizei gepoppt worden.

Sind die Poffer schon gekackt?

Der nächste Witz

Der nächste Witz geht auf meine Kosten!

Einzahl und Mehrzahl

Eine Kuh macht Muh, viele Kühe machen Mühe.

Hasenlänge

Er war mir immer um eine Hasenlänge voraus.

Schaumgefühl

Ein Gast in einem Lokal beschwert sich über zu viel Schaum in seinem Bierglas mit dem Satz: «Das verletzt mein Schaumgefühl!»

Niveau

«Niveau ist keine Hautcreme» (Titel eines Buchs von Günther Willen mit dem Untertitel «Gepflegte Sprüche für alle Lebenslagen», 2008, aus dem einige der hier gesammelten stammen).

Ausruf in einem Café

Brot für die Welt! Und Kuchen für mich!

Malzeuch!

Sprüche anstelle des klassischen deutschen Wunsches «Mahlzeit!»: «Mahlzahn!» oder (eine Konsonantenumstellung oder Metathese!) «Zahlmaid!» oder «Zeit mal Zeit!»

Schild am Eingang einer Nachtbar

Heroinspaziert!

Sprachstummel zu später Stunde an der Bar

Kanada = Keiner da?
Alaska = Alles klar!
Kino einen? = Krieg ich noch einen?
Ägypten = Wer gibt einen aus?
Mama nonne! = Mach mal noch eine Runde!
Schlange hier? = Bist du schon lange hier?
Flur? = Wieviel Uhr ist es?
Kanu fahr'n = Ich kann noch fahren.
Eishockey! = Alles okay!
Wirsing! = Wiedersehn!

Nur eine Hose

«Nur eine Rose als Stütze». Dies ist der berühmte Titel eines 1959 erschienenen schönen Gedichtbands von Hilde Domin. Daraus machte man respektlos, aber schließlich nicht unwitzig «Nur eine Hose als Stütze». Hilde Domin, die eigentlich

Hilde Löwenstein hieß, hatte sich nach der Dominikanischen Republik, die sie und ihren Mann als Emigranten jüdischen Schicksals freundlich aufgenommen hatte, als Dichterin den Nachnamen «Domin» gegeben – aus Dankbarkeit «für die Dominikaner», sagte sie; mit den «Dominkanern» meine sie, pflegte sie schalkhaft hinzusetzen, die Bewohner der Dominkanischen Republik. Da ihr Mann «Palm» hieß, nannte man die Dichterin, noch respektloser, auch «Palmin» (Erwin Walter Palm war ein bedeutender Philologe und Kenner des präkolumbianischen Amerika).

Noch ein Kalauer, aber ein «hochstehender» – *Sündenfall*

Henning Ritter in einem schönen Vortrag über den Philosophen, Religionswissenschaftler, Judaisten und genialen «Sprechschriftsteller» Jacob Taubes (er hat nur wenig geschrieben, aber sehr viel und überaus kenntnisreich geredet): «(Taubes) Ausweg bestand meist in einer Theologisierung der Philosophie, die ihm nur erträglich war, wenn er ihr diese Wendung geben konnte. Philosophische Sätze wie Wittgensteins ‹Die Welt ist alles, was der Fall ist›, interessierten ihn nur dann, wenn es ihm gelang, ihnen einen theologischen Sinn zu unterlegen: ‹Die Welt ist alles, was der Sündenfall ist›. Diesen Kalauer in einem seiner Aufsätze zu drucken, hat er sich nicht gescheut» («Erinnerungen an Jacob Taubes»).

Heiner, Klaus, Hagen – die Pechvögel

Allen stand das Wasser bis zum Hals
Nur nicht Heiner,
Denn der war kleiner.

Alle sahen auf das brennende Haus
Nur nicht Klaus
Der schaute heraus.

Alle gingen hinter dem Sarg
Nur nicht Hagen
Der wurde getragen.

Sprachliche Fehlleistungen

(Sprachliche Fehlleistungen sind unfreiwillige Sprachwitze; die folgende Zusammenstellung aus Sigmund Freud stammt von Ludger Lütkehaus und findet sich in seinem Büchlein «Freud zum Vergnügen».)

«Ich fordere Sie auf, auf das Wohl unseres Chefs aufzustoßen» (ein Assistent am Ende seiner Geburtstagsrede auf seinen Chef).

«Dr. Stekel ... in einer stürmischen Generalversammlung: ‹Wir streiten nun zum Punkt 4 der Tagesordnung.›»

«Dr. Stekel zu einer Dame, bei welcher er Basedowsche Krankheit vermutet: ‹Sie sind um einen Kropf größer als Ihre Schwester.›»

«Ein Herr spricht einer jungen Dame, deren Gatte kürzlich verstorben ist, sein Beileid aus und setzt hinzu: ‹Sie werden Trost finden, indem Sie sich völlig Ihren Kindern widwen.›»

«Frau F. erzählt über ihre erste Stunde in einem Sprachkurs: ‹Es ist ganz interessant, der Lehrer ist ein netter junger Engländer. Er hat mir gleich in der ersten Stunde durch die Bluse (korrigiert sich: durch die Blume) zu verstehen gegeben, dass er mir lieber Einzelunterricht erteilen möchte.›»

«Ein Anatom: ‹Beim weiblichen Genitale hat man trotz vieler Versuchungen – pardon, Versuche ...›»

«In der Generalversammlung des Journalistenvereins ‹Concordia› hält ein junges, stets geltungsbedürftiges Mitglied eine heftige Oppositionsrede und sagt in seiner Erregung: ‹Die Herren Vorschussmitglieder› (anstatt Vorstands- oder Ausschussmitglieder).»

Aus dem Reichstagsprotokoll: «Lattmann (Deutschnational): ‹Wir stellen uns bei der Frage der Adresse auf den Boden der Geschäftsordnung des Reichstages. Danach hat der Reichstag das Recht, eine solche Adresse an den Kaiser einzureichen. Wir glauben, dass der einheitliche Gedanke und der Wunsch des deutschen Volkes dahin geht, eine einheitliche Kundgebung auch in dieser Angelegenheit zu erreichen, und wenn wir das in einer Form tun können, die den monarchischen Gefühlen durchaus Rechnung trägt, so sollen wir das auch *rückgratlos* tun› (Stürmische Heiterkeit, die minutenlang anhält).»

«Ein Professor in seiner Antrittsrede: ‹Ich bin nicht geneigt (geeignet), die Verdienste meines sehr geschätzten Vorgängers zu würdigen.›»

Über einen «hartnäckigen Druckfehler», der «sich einmal in ein sozialdemokratisches Blatt eingeschlichen haben soll»: «In dem Berichte über eine gewisse Festlichkeit war zu lesen: ‹Unter den Anwesenden bemerkte man auch seine Hoheit, den *Kornprinzen*.› Am nächsten Tag wurde eine Korrektur versucht. Das Blatt entschuldigte sich und schrieb: ‹Es hätte natürlich heißen sollen: den *Knorprinzen*.›»

«Ein Präsident unseres Abgeordnetenhauses eröffnete einmal die Sitzung mit den Worten: ‹Meine Herren, ich konstatiere die Anwesenheit von ... Mitgliedern und erkläre somit die Sitzung für *geschlossen*.»

«Dann sind aber Tatsachen zum Vorschwein gekommen.»

«In Wedekinds Einakter ‹Die Zensur› fällt an der ernstesten Stelle des Stückes der Ausspruch: ‹Die Furcht vor dem Tode ist ein Denkfehler.› Der Autor, dem die Stelle am Herzen lag, bat auf der Probe den Darsteller, vor dem Worte ‹Denkfehler› eine kleine Pause zu machen. Am Abend – der Darsteller ging ganz in seiner Rolle auf – er beobachtete auch die Pause genau, sagte aber dann unwillkürlich in feierlichstem Tone: ‹Die Furcht vor dem Tode ist ein Druckfehler.› Der Autor versicherte dem Künstler nach Schluss der Vorstellung auf seine Frage, dass er nicht das geringste auszusetzen habe, nur heiße es an der betreffenden Stelle nicht: Die Furcht vor dem Tode sei ein Druckfehler, sondern ein Denkfehler. – Als ‹Die Zensur› am folgenden Abend wiederholt wurde, sagte der Darsteller an der bewussten Stelle und zwar wieder in feierlichstem Tone: ‹Die Furcht vor dem Tode ist ein – Denkzettel.› Wedekind spendete dem Schauspieler wieder uneingeschränktes Lob, aber bemerkte nur nebenbei, dass es nicht heiße, die Furcht vor dem Tode sei ein Denkzettel, sondern ein Denkfehler. – Am nächsten Abend wurde wieder ‹Die Zensur› gespielt und der Darsteller, mit dem sich der Autor inzwischen befreundet und Kunstanschauungen ausgetauscht hatte, sagte, als die Stelle kam, mit der feierlichsten Miene von der Welt: ‹Die Furcht vor dem Tode ist ein – Druckzettel.› Der Künstler erhielt des Autors rückhaltlose Anerkennung, der Einakter wurde auch noch oft wiederholt, aber den Begriff ‹Denkfehler› hielt der Autor nun ein für allemal für endgültig erledigt.»

Bundespost

«In Dienstanfängerkreisen der Bundespost kommen immer wieder Verwechslungen der Begriffe ‹Wertsack›, ‹Wertbeutel›, ‹Versackbeutel› und ‹Wertpaketsack› vor. Um diesem Übel abzuhelfen, ist das folgende Merkblatt dem Paragraphen 49 der ADA vorzuheften.

Der Wertsack ist ein Beutel, der aufgrund seiner besonderen Verwendung im Postbeförderungsdienst nicht Wertbeutel, sondern Wertsack genannt wird, da sein Inhalt aus mehreren Wertbeuteln besteht, die in den Wertsack nicht verbeutelt, sondern versackt werden.

Das ändert aber nichts an der Tatsache, dass die zur Bezeichnung des Wertsackes verwendete Wertbeutelfahne auch bei einem Wertsack mit Wertbeutelfahne bezeichnet wird und nicht mit Wertsackfahne, Wertsackbeutelfahne oder Wertbeutelsackfahne.

Sollte es sich bei der Inhaltsfeststellung eines Wertsackes herausstellen, dass ein in einem Wertsack versackter Versackbeutel statt im Wertsack in einen der im Wertsack versackten Wertbeutel hätte versackt werden müssen, so ist die in Frage kommende Versackstelle unverzüglich zu benachrichtigen.

Nach seiner Entleerung wird der Wertsack wieder zu einem Beutel, und der ist auch bei der Beutelzählung nicht als Sack, sondern als Beutel zu zählen.

Bei einem im Ladezettel mit dem Vermerk ‹Wertsack› eingetragenen Beutel handelt es sich jedoch nicht um einen Wertsack, sondern um einen Wertpaketsack, weil ein Wertsack im Ladezettel nicht als solcher bezeichnet wird, sondern lediglich durch den Vermerk ‹versackt› darauf hingewiesen wird, dass es sich bei dem versackten Wertbeutel um einen Wertsack und nicht um einen ausdrücklich mit ‹Wertsack› bezeichneten Wertpaketsack handelt.

Verwechslungen sind insofern im übrigen ausgeschlossen, als jeder Postangehörige weiß, dass ein mit ‹Wertsack› bezeichneter Beutel kein Wertsack, sondern ein Wertpaketsack ist.»

(Bei Wolf Wondratschek, «Früher begann der Tag mit einer Schusswunde», 1969)

Rechtschreibung

Vereinfachung der deutschen Sprache in nur fünf Schritten!

Erster Schritt: *Wegfall der Großschreibung*

Einer sofortigen einführung steht nichts mehr im weg, zumal schon viele grafiker und werbeleute zur kleinschreibung übergegangen sind

zweiter schritt: *wegfall der dehnungen und schärfungen*

diese masname eliminiert schon di gröste felerursache in der grundschule, den sin oder unsin unserer konsonantenverdoplung hat onehin nimand kapirt

driter schrit: *v und ph ersetzt durch f, z ersetzt durch s, sch verkürzt auf s*

das alfabet wird um swei buchstaben redusiert, sreibmasinen und setsmasinen fereinfachen sich, wertfole arbeitskräfte könen der wirtsaft sugefürt werden

firter srit: *g,c und ch ersetst durch k, j und y ersetst durch i*

ietst sind son seks bukstaben auskesaltet, di sulseit kan sofort fon neun auf swei iare ferkürtst werden, anstat aktsik prosent rektsreibunterikt könen nütslikere fäker wi fisik, kemi oder auk reknen mer kepflekt werden

fünfter srit: *wekfal fon ä-, ö- und ü-seiken*

ales uberflusike ist ietst auskemertst, di ortografi wider slikt und einfak. Naturli benotikt es einike seit, bis dise fereinfakung uberal riktik verdaut ist, fileikt ein bis swei iare. Anslisend durfte als nekstes sil di fereinfakung der nok swirikeren und unsinikeren kramatik anfisirt werden.

... und fertik war di holandise sprake!

(Aus dem Internet, da aber – wer hat sich dies ausgedacht? – kein Name zu finden. Unnötig zu sagen, dass man nicht so leicht vom Deutschen zum Holländischen (oder Niederländischen) kommt – da heißt zum Beispiel «fertig» «klaar», und «holländisch» heißt holländisch «Hollands» oder «Nederlands», und für «Sprache» sagt man meistens «taal».)

Federal Reserve Speech: Alan Greenspan

Der folgende geniale Satz wird Alan Greenspan, dem ehemaligen Chef, dem Chairman der US-Zentralbank, der sogenannten «Federal Reserve», zugeschrieben: «Wenn Sie glauben, Sie hätten mich verstanden, dann haben Sie mich nicht verstanden.» Dies kann ja nur heißen, dass die betreffenden Ausführungen nach der Absicht Greenspans überhaupt nicht zu verstehen waren. Dazu passt sehr genau eine andere Aussage von ihm: «Was ich in der Federal Reserve gelernt habe, ist eine neue Sprache, die Fed-Sprech genannt wird. Man lernt da bald, sehr zusammenhangslos vor sich hin zu brummeln.», «What I've learned at the Federal Reserve is a new language which is called Fed-speak. You soon learn to mumble with great incoherence.»

Kempner 1

Friederike Kempner, die von 1836 bis 1904 lebte, schrieb viele Gedichte mit oft genial unfreiwilliger Komik. Sie stammte aus dem heute polnischen Schlesien und wurde daher auch «der schlesische Schwan» genannt. Über Johannes Kepler dichtete sie unfreiwillig sprachwitzig:

> Du sahest herrliche Gesichte
> In finstrer Nacht.
> Ein ganzes Blatt der Weltgeschichte:
> Du hast es vollgemacht.

Kempner 2

> Süßes Kindchen, Menschenräupchen
> Mach kein bitterbös Gesicht
> Und verbittre drum das Leben
> Deinen Mite-Raupen nicht.–

Hierzu gibt es einen Kommentar Adornos. Aber offenbar lag diesem eine andere Version vor (oder er erinnerte sich falsch). Er setzt nämlich voraus: «Vergiss die Miteräupchen nicht!» So zitiert er. Sein Kommentar passt jedoch hierher auf jeden Fall: «Man ergötzt sich an dem Vers der Friederike Kempner, die anstelle des selber schon unmöglichen Miträupchens vom

Miteräupchen spricht, um durch das souverän eingefügte e die ihren Trochäen fehlende Silbe einzubringen» (Noten zur Literatur II, S. 9/10). Adorno sagt dies im Zusammenhang seiner Bemerkungen zur «Schlußszene des Faust», wo es, Verse 11910-11913, heißt:

> Das sind Bäume, das sind Felsen,
> Wasserstrom der abestürzt
> Und mit ungeheuerm Wälzen
> Sich den steilen Weg verkürzt.

Ein fast schon selbstparodistisches Beispiel dafür, wie der Hexenmeister aus äußerst Wenigem – einem einzigen mutig eingeschobenen Vokal – enorm viel heraushört und herausmacht, wobei sich es sich bei Goethe doch sehr anders verhält als beim «Miteräupchen» des «schlesischen Schwans» – schon weil es sich da um ein Verb («stürzen»), nicht um ein Substantiv handelt und zudem, was auch Adorno ungefähr sieht, weil es sich um eine ältere und mundartlich übrigens noch gängige Form handelt: *abe* für *ab* oder eigentlich «hinunter» (schwäbisch ist *Gang abe!*, «Geh hinunter!» ganz gebräuchlich).

Nun aber beginnt die schöne Adorno-Hexerei: «Der Schritt vom Erhabenen zum Lächerlichen, welcher der kleinste sein soll, entscheidet über den hohen Stil; nur was an den Abgrund der Lächerlichkeit gezogen wird, hat soviel Gefahr in sich, dass daran das Rettende sich misst und dass es gelingt. Wesentlich ist der großen Dichtung das Glück, das sie vorm Sturz bewahrt. Das Archaische der Silbe jedoch teilt sich mit, nicht als vergeblich romantisierende Beschwörung einer unwiederbringlichen Sprachschicht, sondern als Verfremdung der gegenwärtigen, die sie dem Zugriff entzieht. Dadurch wird sie zum Träger jener ungeselligen Moderne, von der Goethes Altersstil bis heute nichts einbüßte. Der Anachronismus wächst der Gewalt der

Stelle zu. Sie führt die Erinnerung an ein Uraltes mit sich, welche die Gegenwart der leidenschaftlichen Rede als eine des Weltplans offenbart; als wäre sie von Anbeginn so und nichts anders beschlossen worden. Der so schrieb, durfte auch den Chor der seligen Knaben ein paar Verse weiter singen lassen: ‹Hände verschlinget,/Freudig zum Ringverein› (11926/7), ohne dass, was danach mit dem Wort Ringverein geschah, dem Namen Unheil brächte. Paradoxe Immunität gegen die Geschichte ist das Echtheitssiegel jener Szene.» Nichts (oder wenig) gegen diese Sätze. Aber es ist ja einfach so, dass der Kontext jene «Immunität», die hier auch wahrlich nichts Paradoxes hat, bewirkt. Er bringt zustande, dass in der Tat ein Wort wie «Ringverein» hier, an dieser Stelle *nicht* komisch wirkt. Denn anderswo könnte es tatsächlich etwas wie ein Sprachwitz sein.

Doch, um zu Kempner, die für Adorno Anlass jenes Faust-Exkurses war, zurückzukehren: Die gleiche Kühnheit mit dem kühn eingesetzten e findet sich im letzten Vers eines anderen Gedichts von ihr:

> Von den Sternen fiel ich nieder
> Und verwinde nie den Fall,
> Aber meine Hohenlieder
> Ziehen klangvoll durch das All!
> Und wenn ich dereinst' mal sterbe,
> Mahnet euch der Musen Chor:
> Nicht enthaltet dieses Erbe
> Euren Nachekommen vor!

Kühn ist hier übrigens nicht nur lautlich «Nachekommen», sondern auch inhaltlich der Plural «meine Hohenlieder»! Als ob es zum gewaltigen Hohenlied im Alten Testament der Bibel einen Plural geben könnte!

Ähnlich, was das e angeht, behandelt unsere Dichterin, wenn sie es braucht, auch etwa den Nominativ «Gnom» und das Wort «Brandstätte» (und mit «Geist'gen Armen», hier als Vokativ gedacht, meint sie – grammatisch durchaus falsch – «Ihr geistig Armen» oder einfach «Geistig Arme»), also:

> Geist'gen Arme, schüttelt eure Kette,
> Und der Gnome wird zur Brandesstätte.

Kempner 3

Übrigens war der große Theaterkritiker Alfred Kerr, der eigentlich Alfred Kempner hieß, ein Neffe der Friederike. Als ihm Bertolt Brecht, der ihn nicht mochte, einmal vorhielt, «seine freiwillige Komik» sei nur «das Erbteil der echten unfreiwilligen Komik seiner Tante», antwortete Kerr im «Berliner Tagblatt»:

> Nächtlich über dem Gebeinfeld
> Hört man manchmal I-a schreien:
> Wenn dem Esel nichts mehr einfällt,
> Fällt ihm meine Tante ein.

(Gerhart H. Mostar, «Friederike Kempner, der schlesische Schwan», 1965, S. 9; ich entnehme diesem Band die hier zitierten Kempner-Stellen.)

Kempner 4

> O Wallenstein, du eigner Held,
> Bewundert viel, begeifert von der Welt;

Im Tode doch blüht dir ein Glück:
Von Schillers Hand das hübsche Stück!

Kempner 5

Als ich heut so bitterlich
Tief vor Gott geweinet,
Da – ein kleines Vögelein
Meinem Schmerz sich einet;

Flog zu mir bis an den Sims
Meines Fensters treulich:
«Weine nicht, Du Herzensmaid –
Schrecklich ist es freilich!»

Sprachsätze von Víctor Canicio

Víctor Canicio, geboren 1937 in Barcelona, Schriftsteller, Übersetzer, lebt seit vielen Jahren in Heidelberg, hat dort in der «Plöck» ein Bücher-Antiquariat, er schreibt auch, zumeist und witzig verspielt auf Spanisch, gelegentlich aber, wie hier, auf Deutsch:

Warnung

Ein Mal ist kein Mal.
Aber es könnte ein Melanom werden.

Der Zwang und die Rose

Die Zwangsneurose.

Der Vorschlag

Das war nur ein Vorschlag.
Mit dem Vorschlaghammer.

Für Ludwig den Tauben

Als es noch keine Eisenbahn gab, verstand
Beethoven schon Bahnhof.

Süß und sauer

Sie ist süß
Und ich bin etwas sauer.
Gerne gehen wir dann zum Chinesen.

Kind und Sprache

Ich bin ein Kind der Sprache.
Und meine Sprache ist ein Kind von mir.
Aber ich bin beileibe nicht ihr einziger Vater.

Der Schock

Als er in Toledo erfuhr, dass Schüttelreim auf Spanisch «rima con metátesis recíproca entre vocablos» heißt, verzichtete er endgültig auf das Erlernen der Sprache.

Einiges von Karl Kraus

(Enorm sprachbewusster oder sprachbesessener vielseitiger und stark polarisierender österreichischer Schriftsteller – Herausgeber der Zeitschrift «Die Fackel», in der er eigentlich nur sich selber publizierte, Satiriker, Lyriker und Dramatiker, der von 1874 bis 1936 lebte. Der übliche Spruch seiner Gegner: «Schlimmer als Karl Kraus sind eigentlich nur die Krausianer».)

Gemeinsame Sprache
«Was Deutschland und Österreich trennt, ist die gemeinsame Sprache.»

Verliebt
«Ich war selten verliebt, immer verhasst».

Tat und Gedanke
«Man glaubt gar nicht, wie schwer es oft ist, eine Tat in einen Gedanken umzusetzen!»

Leben
«Man lebt nicht einmal einmal.» Und: «Das Leben ist eine Anstrengung, die einer besseren Sache würdig wäre.»

Krankheit
«Eine der verbreitetsten Krankheiten ist die Diagnose.»

Ärger
«Er lässt sich seinen Ärger beim Essen durch keinen Appetit verderben.»

Totgeschwiegen
«Nicht alles, was totgeschwiegen wird, lebt.»

Psychologie

«Ein guter Psycholog ist imstande, dich ohneweiters in seine Lage zu versetzen.»

Sorgen

«Meine Sorgen möchte ich haben.»

Journalisten

«Keine Gedanken haben und ihn ausdrücken können – das macht den Journalisten.»

Kühe

«In der Nacht sind alle Kühe schwarz, auch die blonden.»

Monolog – Dialog

«Mit Frauen führe ich gern einen Monolog. Aber die Zwiesprache mit mir selbst ist anregender.»

Zur Sprache der Kommunistischen Partei

«Moskauderwelsch»

Nach der Inhaftierung des betrügerischen Bankiers Reitze in der Strafanstalt Stein schrieb er: «Die Strafanstalt Stein entbehrt nicht eines gewissen Reitzes.»

Die Schauspielerin Elfriede Schopf war in den Händen des Burgtheaterschauspielers Adolf von Sonnenthal. Nachdem dieser plötzlich gestorben war, schrieb er: «Jetzt müsste man die Schopf bei der Gelegenheit packen.»

Gedichte

Lichtung

manche meinen
lechts und rinks
Kann man nicht
velwechsern
werch ein Illtum

(Ernst Jandl, aus der Sammlung «Laut und Luise», 1966)

Flickwerk

Am Tag, an dem das   verschwand,
da war die uft vo Kagen.
Den Dichtern, ach, verschug es gatt
ihr Singen und ihr Sagen.

Nun gut. Sie haben sich gefaßt.
Man sieht sie wieder schreiben.
Jedoch:
Soang das   nicht wiederkehrt,
muß aes Fickwerk beiben.

(Robert Gernhardt, «Reim und Zeit. Gedichte», Stuttgart 2009)

Känguruh

> Drüben im Walde
> Kängt ein Guruh –
> Warte nur balde
> Kängurst auch du!

(Joachim Ringelnatz in der Sammlung «Kuttel Daddeldu» (1920) – so endet dort «Das Abendgebet einer erkälteten Negerin», eine Art Parodie, natürlich, auf Goethes «Ein Gleiches».)

Dunkel war's

Der Verfasser oder die Verfasserin dieses natürlich nicht starken, aber hier einschlägigen, weil sprachwitzigen Gedichts ist nicht bekannt – wahrscheinlich sind es mehrere Bearbeiter nacheinander. Es geht bei diesem sehr bekannten Gedicht um Inhaltliches, um Semantisches. Was hier vorliegt, ist eine durchgehende Verletzung des «Satzes vom Widerspruch», nach welchem zwei sich widersprechende Aussagen nicht gleichzeitig wahr sein können – etwas kann nicht gleichzeitig X und Nicht-X sein. Mit Recht steht das Gedicht in der ausgezeichneten (jetzt von Albert von Schirnding «aktualisierten») Sammlung von Ludwig Reiners «Der Ewige Brunnen» aus dem Jahr 1955.

> Dunkel war's, der Mond schien helle,
> schneebedeckt die grüne Flur,
> als ein Wagen blitzesschnelle
> langsam um die Ecke fuhr.
> Drinnen saßen stehend Leute
> Schweigend ins Gespräch vertieft,
> als ein totgeschossner Hase

auf der Wiese Schlittschuh lief.
Und auf einer roten Bank,
die blau angestrichen war,
saß ein blondgelockter Jüngling
mit kohlrabenschwarzem Haar.
Neben ihm 'ne alte Schachtel,
zählte kaum erst sechzehn Jahr.
Und sie aß 'ne Butterstulle,
Die mit Schmalz bestrichen war.
Droben auf dem Apfelbaume,
der sehr süße Birnen trug,
hing des Frühlings letzte Pflaume
und an Nüssen noch genug.

Palindrome

Ein Palindrom ist ein Wort, eine Wortfolge oder ein Satz, die vorwärts und rückwärts gelesen werden können und dabei den gleichen Sinn ergeben. Also etwa, was Wörter angeht: *Rentner, Reittier, Reliefpfeiler.* Ein Namenpalindrom wäre: *Noemi Simeon.*

Witzig, mehr oder weniger, wird es bei Satzpalindromen: «Leo Spar aus Bagdad gab Sua Rapsoel», «Resi, schlaf nie mit Tim ein – falsch is' er» (mitgeteilt von Ingolf Henning). Das bekannteste deutsche Satz-Palindrom ist ohne Zweifel: «Ein Neger mit Gazelle zagt im Regen nie.» Eigentlich ist das Deutsche eher ungeeignet für solche Sätze.

Ein englisches Beispiel (ungefähr): «Ah! a Mayan on a Yahama», «ein Maya auf einer Yahama». Und ein französisches: «A l'autel elle alla, elle le tua là», «Zum Altar ging sie, sie tötete ihn dort.»

Ein einigermaßen langes deutschsprachiges Palindrom ist dieses: «Nie, Knabe, nie grub Nero neben Orenburg eine Bank ein» (es soll nach einer Auskunft, die Harald Martenstein erhielt, von keinem Geringeren als Carl Friedrich von Weizsäcker, dem Physiker und Philosophen, stammen).

Schüttelreime

Es hängt bei einem forschen Mädchen
die Tugend nur an morschem Fädchen.

Am Anfang war auch Schnabel nur
das Ende einer Nabelschnur.

(diese beiden Schüttelreime stammen von dem großen Pianisten Arthur Schnabel)

Und weil er Geld in Menge hatte,
Lag stets er in der Hängematte.

Mit den Bekennern neuer Lehren
ließ Nero manchen Leu ernähren.

So manchem gilt die Treue nix
der sinnt auf immer neue Tricks.

Die Boxer aus der Meisterklasse
hauen sich zur Kleistermasse.

(zitiert bei Eike Christian Hirsch)

Noch weitere:

Wenn kalter Regen niederfließt,
Die Nachtigall im Flieder niest.

Er fährt auf einem Muschelkutter
Und träumt von einer Kuschelmutter.

Mahlt der Müller in der Schwüle Mais,
Vergießt er in der Mühle Schweiß.

Zwecks Heirat fährt die Nichte Schi,
doch klappt halt die Geschichte nie.

Den Toren packt die Reisewut,
indes im Bett der Weise ruht.

Hier noch ein doppelter Schüttelreim:

In Glasgow beim Karottenschaben,
bemerken sieben Schotten Raben,
die, angetan mit Schattenroben,
in ihre Schnäbel Ratten schoben.

(Wolfgang Werth)

Heineschwund

In der Nazizeit war Heinrich Heine, da er Jude war, verpönt.
Da kursierte der schöne und angemessene Schüttelreim:

Nun freut sich jeder Schweinehund
Ob dem gelungnen Heineschwund.

Und noch ein doppelter:

Unser neuer Hausmeister:
Maus heißt er.

Im Keller meist haust er.
Wie's heißt, maust er.

(Mitgeteilt von Martin Mosebach)

Heinrich Popitz

Die folgenden Schüttelreime schrieb der bedeutende Freiburger Soziologe Heinrich Popitz (1925–2002). Er hat sich viel mit der «sozialen Rolle» befasst, einem Begriff, der vor allem in der englischen und nordamerikanischen Soziologie wichtig war und den Ralf Dahrendorf mit seinem Buch «Homo sociologicus», 1958, in die deutsche Soziologie einführte (er war aber dort, seit Ferdinand Tönnies, 1887, nicht ganz unbekannt). Nun schrieb Popitz auch Schüttelreime und zwar – dies ist bemerkenswert und durchaus selten – *fachliche* Schüttelreime. Zunächst ist da – gibt es dafür, unabhängig ob nun fachlich oder nicht, ein anderes Beispiel? – ein ganzes Gedicht mit sechs (!) inhaltlich durchaus zusammenhängenden paarigen Strophen, von denen jede einzelne ein Schüttelreim ist. Eine beachtliche Leistung auf diesem Feld! Das Thema dieser Schüttelreimverse ist fast durchweg die «Soziale Rolle». Dies ist auch der Titel eines dieser nicht nur formal eindrucksvollen Gedichte. Und das Gedicht «Normative Konstruktion» besteht immerhin aus drei Schüttelreimen (Aus: Heinrich Popitz, «Die Quadratur des gordischen Knotens. Zettelverse», Göttingen/Augsburg 2006).

Soziale Rolle

Erlernst Du nur das richt'ge Wollen,
Bekommst Du stets auch wicht'ge Rollen.

Doch den historisch tollen Ruhm
Find'st Du in keinem Rollentum.

Im heimatlichen Schollenreich
Bleibst ewig Du ein Rollenscheich.

Du hältst auf knorz'gen Knollen Rast
Und kauerst trist im Rollenknast.

Wo nächtlich dumpf die Raben grollen,
Musst Du Dich übern Graben rollen:

Dass in die Nachwelt ragen solle
Dein Erdenweg als Sagenrolle.

Normative Konstruktion

In der Erkenntnis weitem Zelt
Durchforschest Du die Zeitenwelt
Und suchest nach dem Immer-Gleichen,
Willst auch den kleinsten Glimmer eichen
Und find'st doch nur die Fabelnorm
In Deiner eignen Nabelform.

Geschichte der politischen Theorie

Als erstes wird er Plato nennen,
Dann könn' wir bis zur Nato pennen.

Soziale Normen

Siehst Du sie rein in nackten Formen,
So werden Dir aus Fakten Normen.

Spürst Du sie auf die Schauermächte,
Fällst Du in tiefe Mauerschächte.

Ich sehe hier im Schattenriss
Galvanisierten Rattenschiss.

Man könnt' die Hölle lange schließen,
Wenn wir nur von der Schlange ließen.

Dem schrecklichen Neurosenpaar
Werden selbst die Posen rar.

Wird Dir denn nicht bei Deinem Ruhme bang,
Wie gradeaus fliegt denn ein Bumerang?

Baust mächtig Du 'nen Daten-Tower,
Bekommen Deine Taten Dauer.

(Schließlich – und nun klar außerfachlich-lebensweltlich Freiburgisch)

Mit gebrochnem Wadenbein
Trinkst Du am besten Badenwein.

Karl Valentin

Ein Fußballspiel

«Und nun begann der Anfang. Es erschienen die Fußballlieblinge, die vom Publikum vergötterten Fußballisten. Da begannen die 45 000 Menschen ein 90 000 händiges Applaudieren. Der Torwärter stand schon vor dem Tore, und die Musik spielte dazu ‹Am Brunnen vor dem Tore›. Alles stand kampfbereit, aber der Fußball stand noch immer allein und einsam in der Mitte. Es war bereits 4 Uhr 30 alte und 16 einhalb Uhr neue Zeit zugleich. Da ging wie ein Lauffeuer ein unleises Raunen durch die Menschenmassen... ‹Die Photographen kommen.› Mindestens ein halbes Dutzend Photographen ohne Ateliers bevölkerten jetzt das Spielfeld. Das Spiel begann nun – immer noch nicht und die Kapelle spielte dazu das alte Volkslied ‹Es kann doch nicht immer so bleiben›. Das war denn auch meine Meinung, und nach einigen kürzeren Minuten erschienen endlich drei Kinooperateure. Nun trat eine Pause ein, nach deren Ende plötzlich die Sanitätsmannschaft auf dem Platze Platz nahm. Anschließend kam der Herr Amtsrichter – Verzeihung – Schiedsrichter, um seines Amtes zu walten. Er ging in die Mitte, pfiff, und das Spiel begann. Enden tat das Spiel mit dem Sieg der einen Partei – die andere hatte den Sieg verloren. Es war vorauszusehen, dass es so kam.»

(«Fußball-Länderkampf», in: Gesammelte Werke I, S. 51).

Am Ende trat der Schluss ein

«‹Wehe, wehe›, sprach der Oberlehrer von der Gasanstalt, ‹richtet nicht, sonst werdet ihr gerichtet.› Da öffnen sich die Wolken und mit blinzelnden Augen treten achtzehn Packträger hervor und verkünden das Ende der Welt. Links und rechts stehen je vier goldene Jungfrauen mit Semmelbrösel bepappt und halten ein vernickeltes Butterbrot in der Hand. Die Luft zitterte wie Schweinssulz, die Erde wühlte sich auf, die Vesuve speiten Honig und Sauerkraut, Nacht- und Tageulen, Junikäferln und Lämmergeier schwirrten gespensterhaft auf dem Fußboden umher, panikartig zerplatzte ein alter Leberkäs und am Ende des Vortrags trat plötzlich der Schluss ein» («Der Weltuntergang», in: Sturzflüge im Zuschauerraum. Der gesammelten Werke anderer Teil, S. 39).

Kräuter

«Du hast ja a damals an Blödsinn dahergredt wiast gsagt hast, da Hitler hat a Glück ghabt, dass er net Adolf Kräuter ghoaßn hat, sonst hättn ma schrein... müassn ‹Heil Kräuter!›» («Verstehst nix von der Politik», Gesammelte Werke, S. 112).

Dürfen

«Wollen hätten wir schon mögen, aber dürfen haben wir uns nicht getraut» (Gesammelte Werke, S. 407).

Verleger

Valentin sucht ein Notenblatt und findet es nicht. Er erklärt: «Das muss ich verlegt haben – ich bin der reinste Verleger» (Gesammelte Werke, S. 407).

Sofort

«Du bleibst da. Und zwar sofort!»

Sioux-Indianer

Richter: Sie haben den Kläger einen Ochs genannt und deshalb ist er beleidigt.
Angeklagter: Nein, ich habe ihn keinen Ochs genannt, ich habe nur zu ihm gesagt, «Sie Ochs...»
Richter: Nun ja, Sie geben es doch zu, dass Sie «Sie Ochs» zu ihm gesagt haben.
Angeklagter: Nein, ich habe zu ihm gesagt «Sie Ochs...»
Richter: Zum Donnerwetter noch eimal, Sie sagten doch gerade im Moment, dass Sie «Sie Ochs» zu ihm sagten.
Angeklagter: Aber bitte, Herr Richter, fallen Sie mir doch nicht immer ins Wort, lassen Sie mich doch den Satz aussagen; ich sagte zu dem Kläger: «Siochs-Indianer sind ausgestorben» (Gesammelte Werke, S. 407).

Im Schallplattenladen

Stellen wir die Sprachwitze aus dieser eher langen «Szene» Karl Valentins zusammen (dieser Text enhält besonders viele):

Verkäuferin: Wie steht es mit dem Gramola da? Der wäre sehr billig und gar nicht teuer. Karl Valentin: Also unteuer!

Karl Valentin (auf einen anderen Apparat deutend): Was kostet denn der? Verkäuferin: Ja, der ist eminent teuer. Karl Valentin: Der ist mir auch zu eminent teuer. Verkäuferin: Wissen Sie denn, was der Apparat kostet? Karl Valentin: Nein! Verkäuferin: Der kostet fünfhundert Mark.

Verkäuferin: Wollen Sie nicht das Reisegramola ansehen? Das wäre sehr billig, das kostet nur zwanzig Mark. Karl Valentin: Mit Reise? Verkäuferin: Nein, natürlich ohne Reise. Karl Valentin: Aber ich reise ja fest selten nie, ich bin noch ganz selten gerissen. Verkäuferin: Sie können ja den Apparat zu Hause auch spielen lassen. Karl Valentin: Geht der zu Hause auch? Verkäuferin: Natürlich! Karl Valentin: Und auf der Reise? Verkäuferin: Und auf der Reise! Karl Valentin: Zu gleicher Zeit? Verkäuferin: Nein, entweder zu Hause oder auf der Reise. Karl Valentin: Ah, dann ist das ja ein Entweder-Apparat.

Karl Valentin: Na, also, dann werde ich mich für einen von den drei beiden entschließen.

Karl Valentin: Ja, Sie, ich habe einen bekannten Freund, der hat auch so einen Apparat ... Verkäuferin: Und dann hätten wir noch sehr schöne Sachen in Schallplatten. Karl Valentin: Die wären mir eigentlich viel lieber als ein Gramaphon. Verkäuferin: Was sollen das dann für Platten sein? Karl Valentin: So runde dunkelschwarze Platten. Verkäuferin: Ja, ich meine, wollen Sie Schallplatten mit Musik oder mit Gesang? Karl Valentin: Nein, nur mit Schall, mit billigem Schall. Verkäuferin: Gut, wir werden Ihnen mal was vorspielen. Valentin: Ja, sind S' so frei! Verkäuferin *eine Platte herbeibringend*: So, sehen Sie, da ist zum Beispiel ein Marsch. Valentin: M – arsch. *Er wiederholt das öfters. Die Verkäuferin spielt den Marsch. Karl Valentin pfeift dazu, nachdem die Nadel abgesetzt ist*: I pfeif auf jede Platten. Verkäuferin: Also, was sagen S' dazu, die ist doch schön? Karl Valentin: Ja, das schon, aber das war doch nicht Caruso? Verkäuferin: Ja, Sie wollen Caruso hören? Karl Valentin: So!? Verkäuferin: Wollen Sie dann eine Platte hören von Caruso? Das können Sie natürlich auch. *Sie legt eine Caruso-Platte mit dem Prolog des Bajazzo auf. Karl Valentin hört zu bis zum Lachen des Bajazzo, bevor die Nadel abgesetzt wird*. Karl Valentin: Jetzt lacht er, jetzt freut er sich selber, weil er naufkommen ist. Verkäuferin: Was sagen Sie jetzt? Karl Valentin: Ja, die Caruso-Platten sind schön, aber man kann doch auf diese Platten nicht tanzen. Verkäuferin: Auf eine Caruso-Platte tanzt auch kein Mensch. Karl Valentin: Nicht *auf* der Platte, ich mein halt so, nach der Platte. Verkäuferin: Ach, Sie wollen eine Tanzplatte haben? Karl Valentin: Mit Schall! Verkäuferin: Ach, ich verstehe Sie schon. Sie wollen eine Schallplatte hören, nach der man tanzen kann. Karl Valentin: Ja!

Karl Valentin: Sagen S' amal, haben Sie die Platte von der Freiwilligen Sanitätskolonne, das «Sanitätslos» oder so ähnlich? Verkäuferin: Wie meinen Sie, das Sanitätslos? Karl Valentin: Ja, das Sanitätslos! Verkäufer *im Katalog nachsehend*: Wie soll das heißen? Das Sanitätslos? Karl Valentin: Nein, das Sanitätslos – allein. Verkäuferin: Das Sanitätslos allein? Karl Valentin: Ohne allein. Verkäuferin: Nur «Das Sanitätslos»? Karl Valentin: Ohne Das! Verkäuferin: Nur Sanitätslos. Karl Valentin: Ohne Nur! Verkäuferin: Also Sanitätslos! Karl Valentin: Ohne Nur und ohne Also. Verkäuferin: Sanitätslos! Karl Valentin: Ja! – Die meine ich! Verkäuferin: Nein, eine solche Platte gibt es nicht. Karl Valentin: Doch, ich weiß ja genau. Verkäuferin: Vielleicht wollen S' einmal die Melodie pfeifen oder singen. Karl Valentin: Der Refrain geht so *Er singt die letzte Strophe von «Seemannslos»*. Verkäuferin: Ach, Sie meinen ja «Seemannslos»! Karl Valentin: Ja, stimmt, «Seemannslos» heißts, ja, so heißts.

Karl Valentin *hat sich gesetzt*: Sie, sagen Sie mal, wo ist denn jetzt eigentlich die Lehne? Verkäuferin: Wie meinen Sie? Was für eine Lene? Bei uns war noch nie eine Lene. Vielleicht in unserem Hauptgeschäft, bei Häring, ich glaube, da ist eine Lene, so ein großes, schwarzes Fräulein? Karl Valentin: *Die*

Lehne meine ich! Verkäuferin: Ach, die Stuhllehne! Karl Valentin: Der Stuhl ist hier und die Lehne ist im Hauptgeschäft! Haben Sie vielleicht diese Himbeer-, Heidelbeer-, Brombeer-, Preiselbeeerplatten? Verkäuferin *wiederholt*: Himbeer-, Brombeer-, Preiselbeerplatten? Nein, die gibt es nicht! Karl Valentin: Halt – Meyerbeerplatten meine ich. Verkäuferin: Nein, die haben wir zur Zeit nicht mehr, die sind ausgegangen. Karl Valentin: Wohin? Verkäuferin: Kommen Sie mal an den Tisch, dann zeig ich Ihnen noch verschiedene Platten. Karl Valentin: Gestorbene Platten? Verkäuferin: Vielleicht darf ich Ihnen einige Valentin-Platten vorführen?

Stimme des Richters: Also, Sie geben zu, dass Sie den Kläger ein Rindvieh geheißen haben? Stimme des Angeklagten: Ja, ich habe aber gemeint, dass er deshalb nicht beleidigt ist. Stimme des Richters: Wieso meinen Sie das? Stimme des Angeklagten: Na jo, weil er so saudumm dahergeredet hat. Stimme des Richters: Eigentlich finde ich, dass Sie saudumm daherreden, denn ein Rindvieh ist doch ein Tier, und ein Tier kann doch nicht reden. Oder haben Sie schon ein Tier reden gehört? Stimme des Angeklagten: Jawohl, einen Papagei! Stimme des Richters: Ja, ein Papagei ist doch kein Rindvieh! Stimme des Angeklagten: In dem Moment, wo ein Papagei dumm daherredet, ist eben der Papagei auch ein Rindvieh! Stimme des Richters: Haben Sie denn schon einen Papagei gehört, der dumm daherredet? Stimme des Angeklagten: Und ob! Stimme des Richters: Erklären Sie mir das! Stimme des Angeklagten: Das kann ich beweisen. Meine Hausfrau hat einen Papagei in einem Käfig, und wenn man an den Käfig klopft, dann sagt das Rindvieh ‹Herein!›. Stimme des Richters: Finden Sie das dumm? Stimme des Angeklagten: Und ob! Stimme des Richters: Wieso? Stimme des Angeklagten: Wie kann denn ich in den kleinen Käfig hineingehen! Stimme des

Richters: Wir kommen da ganz von der eigentlichen Sache ab. – Warum haben Sie den Kläger ein Rindvieh geheißen? Stimme des Angeklagten: Weil er meine Frau beleidigt hat. Stimme des Richters: Inwiefern? Stimme des Angeklagten: Er hat zu meiner Frau gesagt, sie sei eine blöde Gans, und meine Frau ist keine Gans, dafür hab ich Beweise. Stimme des Richters: Da brauchen Sie doch keine Beweise dafür, denn genauso wie der Kläger kein Rindvieh ist, kann Ihre Frau keine Gans sein, wenigstens keine blöde Gans. Stimme des Angeklagten: Aber Herr Richter, mit dieser Bemerkung «wenigstens keine blöde Gans» geben Sie ja selbst zu, dass eine Frau eine Gans sein kann, und eine Gans ist aber doch blöd. Stimme des Richters: Wieso ist eine Gans blöd? Stimme des Angeklagten: Weil eine Gans nicht einmal sprechen kann. Stimme des Richters: Na ja, ein Tier kann eben nicht sprechen. Stimme des Angeklagten: Doch, der Papagei! Stimme des Richters: Jetzt kommen Sie wieder mit dem saudummen Papagei als Vergleich! Stimme des Angeklagten: Da muss ich Ihnen wieder widersprechen, denn ein Papagei ist nicht saudumm, weil Sie, Herr Richter, nicht den Beweis erbringen können, dass jede Sau dumm ist, denn es gibt im Zirkus dressierte Säue, also kluge, undumme Säue. Stimme des Richters: Aber wir haben doch von der blöden Gans gesprochen, nicht von einer dressierten Sau. Stimme des Angeklagten: Gut, bleiben wir wieder bei meiner Frau. Stimme des Richters: Nun müssen wir aber zur Ursache der Beleidigung kommen. Aus welchem Grund hat denn der Kläger Ihre Gans eine blöde Frau geheißen, Verzeihung: umgekehrt wollte ich sagen, Ihre Frau eine blöde Gans geheißen? Stimme des Angeklagten: Ja, die Sache ist zu schweitweifend. Stimme des Richters: Sie meinen: zu weitschweifend. Stimme des Angeklagten: zu weitschweifend, jaja! Wir haben nämlich einen Heimgarten, und die Frau Wimmer hat auch einen Heimgarten, direkt neben unserem Heimgarten, und da ist immer ein Konkurrenzneid, wer die schönsten Blumen hat. Stimme des Richters: Ja, weiter – Stimme des Angeklagten: Und da tun wir immer Samen tauschen –

Stimme des Richters: Was tun Sie? Stimme des Angeklagten: Samen tauschen! Sie gibt mir zum Beispiel einen Chrysanthemensamen und ich geb ihr dafür einen Rhabarbersamen, und da hat sie mir heuer für meine Fensterblumen statt Hyazinthen Sonnenblumensamen gegeben, und wir haben so viele Sonnenblumen bekommen, dass wir nicht mehr zum Fenster naussehen können, da hat ihr Mann zu meiner Frau gesagt, sie ist eine blöde Gans, und ich hab zu ihm gesagt: «Sie sind ein Rindvieh», und er hat dann zu mir gesagt – (Pause) Stimme des Richters: Was hat er gesagt? Stimme des Angeklagten: (schweigt) Stimme des Richters: Na, so reden Sie doch, was hat er noch gesagt? Stimme des Angeklagten: Na ja, Herr Richter, was wird so ein ordinärer Mensch denn noch gesagt haben, des können S' Ihnen doch denken! Stimme des Richters: Na, was hat er gesagt? Stimme des Angeklagten: Ich bitte um Ausschluss der Öffentlichkeit!» (Gesammelte Werke, S. 341).

Sicherheit

Karl Valentin war sehr furchtsam. Er fürchtete sich auch vor Meteoriten und suchte sich vor ihnen zu schützen. Auf den Einwand, Meteoriten seien doch äußerst selten, entgegnete er: «Bei mir geht Sicherheit vor Seltenheit.»

Sterben

Eine der letzten überlieferten Äußerungen Karl Valentins. Als er im Sterben lag, sagte er: «Das ganze Leben hab ich mich vorm Sterben gefürchtet. Und nun dies!»

Der Czerno-Witz

Zvi Yavetz, der 2013 starb, war ein bedeutender Althistoriker. Ursprünglich hieß er Harry Zucker. Er wurde 1925 in der Vielvölkerstadt Czernowitz, die eine beträchtliche Begabtenwiege war, geboren. Sie war seit 1918 rumänisch und hieß da Cernauți (Tschernáutz zu sprechen). Vorher gehörte sie, wie die historische Gegend Bukowína (oder deutsch Buchenland), in der sie liegt, zur habsburgischen Monarchie, jedenfalls seit 1775. In Czernowitz war (zusammen mit Dorpat, heute Tartu in Estland) die östlichste deutschsprachige Universität – soweit nach Osten reichte unsere Sprache einmal! Seit 1944 gehörte die Stadt zur Sowjetunion und seit 1991 zur Ukraine (sie heißt jetzt auf ukrainisch «Černivci», zu sprechen Tschernívtsi). Die historische Landschaft Bukowina ist nunmehr geteilt: Der nördliche Teil ist ukrainisch, der südliche rumänisch. In der Bukowina und auch in Czernowitz – «einer Stadt voller Minderheiten» – lebten damals tatsächlich neun Bevölkerungsgruppen mit meist eigenen Sprachen: Rumänen, Ruthenen (die schon damals in der Bukowina lebenden Ukrainer), Juden, Deutsche, Russen, das waren die *großen* Minderheiten; hinzu kamen die *kleinen*: die Huzulen, die Lipowaner, die Armenier und die Zigeuner. Keine der großen Minderheiten «war dominant und alle fühlten sich irgendwie benachteiligt». So etwas fördert wohl auch Witz und Humor. Über Czernowitz, aus dem Yavetz 1942 floh, hat er, der danach in Israel lebte, ein bestrickendes Buch geschrieben: «Erinnerungen an Czernowitz. Wo Menschen und Bücher lebten» (München 2007). Darin findet sich auch das Kapitel «Czernowitzer Humor», aus dem ich einige Sprachwitze zitiere; auch der Sprachwitz «Czerno-Witz» findet sich – natürlich – bereits da.

Vermieter: «Ich habe eine wunderschöne Wohnung zu vermieten. Allerdings gibt es da leider kein Bad.» Mieter: «Macht nichts. Ich fahre jeden Sommer nach Bad Gastein.»

«Siehst du dort, Bobby, die Dame in Trauerkleidern? Sie ist seit vier Monaten Witwe.» – «Ach, und wer ist in ihrer Familie gestorben?»

Bobby geht zu einer Party. Einer der Gäste ersucht die Hausfrau, eine Schüssel voller Bohnen auf den Tisch zu stellen. Er nimmt eine Bohne heraus, legt sie zur Seite und fragt: «Was ist das?» Niemand weiß es. Der Erzähler sagt stolz: «Bohne-aparte = Bonaparte». Bobby ist von dem Witz entzückt; er lässt sich seinen Hut und Stock reichen, läuft zu einer anderen Party und erklärt sofort, er habe einen prächtigen Witz. Er bittet die Hausfrau, eine Schüssel voller Bohnen auf den Tisch zu stellen. Sie aber entschuldigt sich, sie habe nur Erbsen. «Macht nichts», sagt Bobby. Er nimmt eine Erbse heraus und fragt: «Was ist das?» Niemand weiß es, und Bobby antwortet stolz: «Napoleon.»

Ein Mann klagt: «Ich habe große Sorgen und bin im Begriff, Selbstmord zu begehen.» – Bobby: «Auch ich habe große Sorgen, deshalb habe ich einen ‹Sorger› gemietet, für 2000 Kronen im Monat.» Der Freund: «Und woher hast du 2000 Kronen?» Antwort: «Das ist die Sorge des Sorgers.»

Eine Dame mietet für ihren kranken Mann eine Wohnung in den Bergen. Als sie nach Hause kommt, fragt sie ihr Mann: «Wie weit ist das WC von meinem Krankenbett?» Die Frau weiß es nicht und telephoniert mit dem Hausherrn: «Wo ist das WC?» Der Bauer weiß nicht, was WC bedeutet, und der Pfarrer erklärt ihm, das sei die Waldkapelle. So telegraphiert der Bauer: «Hochverehrte Frau Kommerzienrat! WC ist eine halbe Stunde von Ihrer Wohnung entfernt in prächtiger Lage im Fichtenwalde. Sie ist nur an Sonn-und Feiertagen geöffnet – daher ein riesiger Andrang. Die Akustik ist eine kolossale. An den Festtagen ist es besonders feierlich, da wird das Ganze mit Orgelspiel begleitet.»

Eine Frau fährt nach Karlsbad, um sich an ihrem «Dasein» zu erfreuen. Ihr Mann bleibt zu Hause, um sich an ihrem «Fortsein» zu vergnügen.

Einer Schwiegermutter wird ein Teppich gekauft, damit sie drauf gehen soll.

Ein Dichter schickt sein Gedicht an die Redaktion einer Zeitung. Es heißt «Warum lebe ich noch?» Antwort des Redakteurs: «Weil Sie das Gedicht nicht persönlich überreicht haben.»

Das Ruthenische galt als ungebildet. Ein Ruthener beklagt sich über das Deutsche: «Deutscher Spracher schwerer Spracher. Jeder Worter hat er ‹R›, sor zur Breispiel: Gelegenheit.»

Ein französischer Jude fährt nach Amerika und wohnt im «Café Europa», das einem Polen gehört. Er sitzt mit einem spanischen Geschäftsmann im chambre séparée auf einem persischen Teppich, bestellt einen Rum aus Jamaika, Schweizer Käse und ein Wiener Schnitzel. Dann trinkt er einen türkischen Kaffee, und als er ersucht wird zu zahlen, stielt er ein japanisches Service, empfiehlt sich auf französisch und flüchtet nach Rumänien.

Aus Schulaufsätzen (aus einer offensichtlich eigens angelegten Mappe einer Lehrerin): «Vorigen Sonntag kam mein Vater sehr spät nach Hause. Er hatte sich im Volksgarten vergangen.», «Vor 14 Tagen gab es in der Wirtschaft meiner Tante eine Schlägerei wegen einer Kellnerin, die sich auf der Straße fortpflanzte.», «Als unser Hund nachts zu bellen anfing, ging meine Mutter hinaus und stillte ihn. Die Nachbarin hätte sich sonst aufgeregt.», «Wir gingen mit unserer Lehrerin auf der Habsburghöhe spazieren. Gegenüber dem Park ein Haus, wo Mütter ihre Kinder gebären. Eine Gebärmutter schaute aus dem Fenster und winkte uns freudig zu.»

Marmorstein ist geschäftlich in Wien. Eines Abends beschließt er, in die Oper zu gehen. Doch noch vor der Ouvertüre fallen ihm die Augen zu, er durchschläft drei lange Akte, und erst das lautstarke Finale reißt ihn aus den Träumen. Nach Czernowitz zurückgekehrt, nimmt ihn Frau Marmorstein ins Verhör.
- Also in der Oper bist du gewesen? War es schön?
- Wie ich hereingegangen bin, war es schön. Aber wie ich bin herausgekommen, hat es getröpfelt.
- Ich frag dich nicht nach dem Wetter. Was hat man gegeben?
- Nix hat man gegeben. Genommen hat man bei mir 100 Schillinge Eintrittsgeld.
- Nicht das! Was haben die Schauspieler gegeben?
- Die Schauspieler? Die zahlen doch nicht. Die gehen gratis durch die Hintertür.
- Was ist mit dir, Marmorstein? Ich meine, in was waren sie?
- Wie sie sind angekommen, waren sie in normale Kleider. Aber zu Schluss auf der Bühne haben sie getragen Kostüme aus Babe Tolzers Zeiten.

- Versteh doch endlich, auf was warst du in der Oper?
- Auf Fauteuil, siebente Reihe.
- Du machst mich verrückt, Marmorstein. Was man gespielt hat, will ich wissen.
- In der Oper spielt man doch nicht. Gespielt haben wir nachher, im Café Europa, wo ich bin hingegangen etwas überschoppen. Dort hab ich mich getroffen mit Kornblum und eine andere zwei Herren aus Czernowitz, und wir haben gespielt a Partie Rummy.

Chaim Glitzenstein ist ein alter Bekannter und außerdem mein Hosenschneider. Ab und zu kommt er zu mir, offiziell um mir die neuen Hosen anzuprobieren, in Wirklichkeit aber um sich mit mir zu beraten. So auch diesmal. Seiner Miene nach schien es ein schwieriges Problem zu sein.

- Was ist es Chaim, wo drückt Schuh?
- Wo Sie wollen und nicht wollen. Ich spür', ich wird' meschugge, mit dieser meiner Familie. Hören Sie zu und urteilen Sie selbst: Ich heirate eine Witwe, die eine erwachsene Tochter hat. Mein Vater, der uns oft besuchte, verliebte sich in dieses Mädchen, das ja meine Stieftochter war und heiratete sie. So wurde mein eigener Vater mein Schwiegersohn und meine Stieftochter, da sie die Frau meines Vaters war, meine... Mutter. Nu, was sagen Sie dazu?
- Kurios! Und wie rufen Sie sie, Glitzenstein? Mama?
- Warten Sie, es kommt noch ärger. Nach einiger Zeit schenkte mir meine Frau einen Sohn. Dieser war natürlich meines Vaters Schwager und mein Onkel, denn er war der Bruder meiner Stiefmutter. Die Frau meines Vaters, also meine Stieftochter, hatte ebenfalls einen Sohn. Natürlich war dieser mein Bruder, aber gleichzeitig war er auch mein Enkel, denn er war ja der Sohn meiner

Tochter. Und siehe, meine Frau war auch meine Großmutter, denn sie war die Mutter meiner Mutter. Ich bin der Ehemann meiner Gattin, aber zugleich auch ihr Enkel, und da der Ehemann meiner Großmama selbstverständlich mein Großpapa ist, habe ich verzweifelt feststellen müssen, dass ich eigentlich mein eigener Großvater bin. Ich frage Sie, geehrter Herr Redakteur, wer kann so etwas ertragen? Helfen Sie mir, geben Sie mir einen Rat.

Ich dachte nach.

– Vielleicht könnten Sie sich von Ihrer Frau scheiden lassen, um Ihre ursprüngliche Großmutter zu ehelichen. Dann könnte sich etwas in Ihren so komplizierten Familienbeziehungen ändern. Aber ich bin mir nicht ganz sicher ...

Hierzu merkt Zvi Yavetz an: «Solche Witze wurden in einem Gemisch von Deutsch und etwas Jiddisch erzählt, eine Sprache, die man ‹Czernowitzer Deutsch› nannte. Nur Juden sprachen Czernowitzer Deutsch. Niemand schrieb Czernowitzer Deutsch. Das wurde nur im tagtäglichen Leben gesprochen; es war dem österreichischen Deutsch ähnlicher als dem deutschen Deutsch.» Die sogenannten «Roscher Schwaben» sprachen «ganz anders als Czernowitzer Deutsch klingt, zum Beispiel: ‹A Geschicht, bische lang, manchmal traurich, manchmal lustich, manchmal wüscht wie der Teuwel – awer wahr.› Wenn jemand so sprach, sagte man in Czernowitz, er habe geschwäbelt.» Schwaben nannte man also die in der Bukowina lebenden Deutschen, das Wort meinte hier einfach «deutsch» (dasselbe gilt übrigens für die sogenannten Banater «Schwaben» in Rumänien, und mit den «Sachsen» in Siebenbürgen – dies liegt auch in Rumänien – sind auch einfach Deutsche gemeint). Die «Schwaben» in der Bukowina waren Ende des

18. Jahrhunderts, von Joseph II. gerufen, dorthin gezogen: «aus dem Rheinland ..., aus Franken oder dem Böhmerwald». In Czernowitz lebten sie meist in der Vorstadt Rosch. So Zvi Yavetz, der auch ein Beispiel für einen «schwäbischen Reim» bringt:

> Mir Schwowe sein wie Käs un Rahm
> Wie Pfeffer un Salz vermengt –
> Hauptsach is, dass jeder Schwob
> Aach schwewisch redt un denkt.

Bemerkenswert, dass es hier darum geht oder gehen soll, nicht nur schwäbisch, also deutsch zu reden, sondern auch zu denken, dass hier also ein «deutsches Denken» vorausgesetzt wird.

Das Czernowitzer Deutsch habe, sagt Zvi Yavetz, die Czernowitzer selbst «belustigt». Auch dafür, also für viel belachte Fehler, nennt er Beispiele: «Wann treffen wir sich?», «Lass mich ab!», «Oi, hat er ihm hereingesagt!», «Mutter zum Kind: Warum esst du nicht? – Kind: Nu, ich iss doch!», «Bald geh ich mich nehmen fahren zum Pruth» (so heißt der Fluss bei Czernowitz, also wohl: lass ich mich zum Pruth fahren), «Ich bin mit a Fuß im Pruth», «Der Moritz is älter von Ihnen».

Hierher gehört auch der folgende ganz auf der Sprache beruhende Witz. Er geht um ein Gespräch zwischen Schüler und Lehrer. Lehrer: «Moritz, warum grüßt du nicht?» – Moritz: «Herr Lehrer, ich habe Ihnen ja gegrüßt.» – Lehrer: «Ich habe Sie gegrüßt.» – Moritz: «Sie haben mir gegrüßt?» – Lehrer: «Nein, man sagt ‹Sie haben mich gegrüßt.›» – Moritz: «Wenn ich habe Ihnen gegrüßt, wasje wollen Sie von mir?»

Aus deutschen Dialekten

Kölsches Grundgesetz

Auf einer Postkarte, die in Köln verkauft wird und die mit «Dr. Eugen Herrlich» gekennzeichnet ist, steht, in 11 Paragraphen, das sogenannte «Kölsche Grundgesetz». Dabei werden diese im Kölschen Dialekt abgefassten Paragraphen jeweils ins Hochsprachliche «übersetzt» – und zwar auf so gekonnte Weise, dass man, was diese frei erläuternden «Übersetzungen» angeht, geradezu von Sprachwitzen reden darf:

§ I Et es wie et es.
Mach dir nichts vor. Sieh den Tatsachen ins Auge.

§ II Et kütt wie et kütt.
Akzeptiere Veränderungen und lerne damit umzugehen.

§ III Et hätt noch immer jot jejange.
Bleibe auch in kritischen Situationen gelassen. Es gab bisher immer noch einen Ausweg

§ IV Watt fott es es fott.
Trauere nicht der Vergangenheit nach.

§ V Et bliev nix wie et wor.
Sei immer offen für neue Wege und neue Lösungen.

§ VI Kenne mir nit, bruche mer nit, fott domet.
Bleibe skeptisch: Nicht alles Neue ist auch wirklich praktisch, gut oder hilfreich.

§ VII Wat wellste maache?
Akzeptiere, dass es zuweilen Dinge gibt, die du leider auch nicht ändern kannst.

§ VIII Mach et joot ävver nit ze off.
Übertreibe es nicht. Achte auch auf deine Gesundheit.

§ IX Wat soll dä Quatsch?
Das ist die Universalfrage, die fast immer passt, wenn dir sonst nichts einfällt, oder die hilft, etwas Zeit zu gewinnen.

§ X Drinkste ene mit?
Suche das zwanglose und lockere Gespräch mit Freund und Feind. Zum Beispiel bei einem Bier.

§ XI Do laachste dich kapott.
Auch wenn alles andere nicht funktioniert: Bewahre dir deine gesunde Einstellung zum Humor.

Signore

Tünnes ist in Rom und spürt dort das Bedürfnis zu beichten. Nur kann er halt nicht Italienisch. Da kommt er in eine Kirche und entdeckt an einem Beichtstuhl das Schild: «Hier wird Deutsch gesprochen!» Tünnes geht hinein und beginnt: «Signore...» Der Pater sagt: «Mein Sohn, du kannst hier Deutsch sprechen.» Tünnes beginnt erneut: «Signore...» Da unterbricht ihn der Pater wieder: «Noch einmal, mein Sohn, es geht hier auch Deutsch.» Darauf Tünnes: «Aber, wat soll dat? Ich red doch Deutsch. Ich wollt doch bloß saren: Sin Johre her, dat isch et letzte mool bischte wor.»

Kölsch

Eine Gruppe Kölner wird durch den Vatikan geführt. Der Führer macht an einer bestimmten Stelle darauf aufmerksam, da stehe zufällig auf der Seite gegenüber der berühmte Kardinal Manardi. Der sei äußerst sprachbegabt und spreche tatsächlich 75 Sprachen. Wie sie schließlich am Kardinal vorbeigehen, sagt einer der Kölner halblaut und in breitem Kölsch zu seiner Frau: «Unglaublich, 75 Sprachen! Aber Kölsch hat er nicht gelernt!» Während die Gruppe sich entfernt, hört man den Kardinal murmeln: «Fiese Möpp!»

Griechen und Römer

Irgendwo im Sächsischen wird gefragt nach dem Unterschied zwischen Römern und Griechen. Die Antwort: «Aus Römern kann man trinken, aus Griechen nicht.» Einer zweifelt: «Ja, wieso soll man aus Griechen nicht trinken können?» Er dachte, versteht sich, an «Krüge», sächsisch «Griesche».

Attention please

Was sagt ein Sachse, wenn er in London einen Weihnachtsbaum kaufen will? – A Tännschen, please!

Pilgerchor

«Tannhäuser» in der Oper. Die Rom-Pilger treten auf in der härenen Kutte. Ein Sachse flüstert seiner Frau zu: «Billchergor.» Darauf die Frau: «Das sieht man gleich an der Gleidung, dass das een billcher Gor ist!»

Berufsbezeichnungen

Auf einem sächsischen Standesamt. Der Beamte fragt, wie der Kleine heißen soll. Darauf der Vater: «Nu, wir denken an Dankwart!». Darauf der Beamte: «Berufsbezeichnungen sind als Vornamen nicht gestattet!»

Dialekt

Zur Zeit der DDR. Ein Sachse, der in den Westen entkommen konnte, wird gefragt, warum er denn geflohen sei. Politische oder wirtschaftliche Gründe? Er druckst etwas herum und sagt zuletzt: «Nu, ich gonnt den Dialekt nich mehr heern!»

Dresden und Leipzig

Was ist der Unterschied zwischen einem Dresdener und einem Leipziger? – Nu, der Leipziger gann sich dreesden, aber der Dresdner sich nicht leipzigern.

Teekessel und Othello – sächsisch

Was ist der Underschied zwischen einem Deegessel und Odello? – Nu, ganz einfach: Im Deegessl siedet der *Dee*, im Odello deedet er *sie*.

Ein Satz – auf sächsisch – in dem «Dresden», «Leipzig» und «Chemnitz» vorkommen:

Eine Frau zu ihrem Mann über seinen Bart: «*Drehst'n* rechts rum, *drehst'en* links rum, b*leibt sich* gleich: *gemm'n* (‹kämmen›) *nitz* nix.»

Porto

Eine wahre Geschichte, die September 2012 gemeldet wurde. Eine Frau aus Sachsen hatte einen Flug nach Porto in Portugal buchen wollen. Sie sprach aber das P so «weich» aus, dass im Reisebüro statt Porto «Bordo», nämlich Bordeaux, verstanden und somit ein Flug dorthin gebucht wurde. Es kam zur Klage, und das Gericht folgte der Mitarbeiterin des Reisebüros, die erklärte, sie habe «zweimal in korrekter hochdeutscher Sprache die Flugroute genannt», die Kundin habe ausdrücklich zugestimmt, und so sei «ein wirksamer Vertrag mit dem Reiseziel Bordeaux zustandegekommen». Konsequent hatte die Kundin auch den Unterschied zwischen p und b sowie zwischen t und d, hier also zwischen Porto und Bordeaux, den sie beim Sprechen nicht macht, akustisch nicht wahrgenommen – in besonderen Härtefällen nützt da in der Tat auch die deutlichste hochdeutsche Aussprache nichts. Jedenfalls musste die Sächsin den Reisepreis von 294 Euro bezahlen. Übrigens war dies ein Urteil des Amtsgerichts in Stuttgart-Bad Cannstatt – dort sitzt man, was diesen Punkt angeht, im Glashaus, weil auch das Schwäbische jene Unterscheidung nicht macht. Man war daher gewiss besonders sensibilisiert.

Mir oder mich?

Ein Rekrut fragt seinen Berliner Wachtmeister: «Wie muss ich denn nu sagen – ick melde *mir* oder ick melde *mich*?» Der Wachtmeister: «Im Dienst: ‹ick melde mir›, sonst könn' Se det halten, wie Se wolln!»

Schokolade

Ein Hauptmann aus Baden tut während des Kriegs 1870/71 Dienst in einer preußischen Garnison. Vor dem Ausrücken seiner Kompanie fragt er den preußischen Feldwebel: «Habet ihre Soldade scho'g'lade?» Der preußische Feldwebel stutzt einen Moment und sagt: «Melde jehorsamst, Herr Hauptmann, Schokolade haben die Männer nich! Wohl aber'n juten Kümmel in der Feldflasche.»

Auf mein Ohr schauen

Der neue aus Norddeutschland nach Bayern gezogene Augenarzt untersucht einen Patienten. Als er den Patienten anweist «Bitte auf mein Ohr schauen!», sagt der: «Naa! Dös du'i net!» Der Arzt insistiert: «Doch, bitte, auf mein Ohr schauen!» Darauf der Patient: «Aber warum, Herr Dokta, soll'i eana denn auf'n Orsch haun?»

Räumen

U-Bahnbau in München, umfangreiche Erdarbeiten. Ein norddeutsches Ehepaar schaut interessiert zu. Der Mann fragt einen Arbeiter: «Was machen Sie denn da?» Der Arbeiter sagt: «Rama dama.» Das Ehepaar versteht nicht. Ein anderer Arbeiter, bei dem sie sich erkundigen nach dem, was er mache, sagt ihnen: «Rama du-i.» Wieder verstehen sie nicht. Schließlich fragen sie einen Passanten nach dem, was die Arbeiter machen, und erhalten die Auskunft: «Rama dans.»

Pasing

Dialog an einem bayrischen Bahnhofschalter: «Oamoi nach Pasing!» – «Bloß hi?» – «Ha?» – «Bloß hi?» – «Ja, wohi denn?» – «Ich denk: nach Pasing?» – «Oiso! Oamoi nach Pasing!» – «Ja, Herrgottsakra! Bloß hi?» – «Also guat, damit a Ruah is: Aber wo? Wo soll I denn hiblosn?»

Schlitten

Gespräch auf dem Starnberger Bahnhof in München: «Wo fahrst denn hin, Schorschl?» – «Nach Starnberg zum Rodeln.» – «So, und wo host'n doan Schlitten.» – «Dea holt grod die Fohrkoaten.»

Sprache

Ein alter Bayer, nachdem sich die «preußischen» Touristen verabschiedet haben: «So übel sand's gar net, dia Preißn, bloß mit der Sprochn hapert's halt ziemli!»

Berg

Ein norddeutscher Tourist fragt den alten Bergbauern, der vor seinem Haus sitzt, und zeigt auf einen Berg: «Wie heißt denn bitte dieser Berg da?» Der Bauer fragt zurück: «Der wölcherne?» Darauf der Tourist: «So, ‹Der Wölcherne› also, interessant – vielen Dank!»

Die Wespe

Bayrische Buben streiten, weil einer unter ihnen gesagt hat, es heiße «die Wespe» und nicht «der Weps». «Naa, der Wesps hoaßt's allerweil scho!» – «Naa, die Wespe!» – «Der Weps!» Da schreit auf einmal der, der meint, es heiße «die Wespe»: «Au! Do is a Weps, der hot mi g'stocha!» Da sagt einer der Buben: «No also, jetzt woaßt'as, wia er hoaßt, weil er selba kemma is!»

Bayrisch

Hier ist ein bayrisch gesprochener deutscher Satz, eine Mitteilung, die keinen einzigen Konsonaten enthält und also nur aus Vokalen besteht und trotzdem – für Bayern – verständlich ist: «Iauauaua», also «i-au-áu-a-ua», was heißt: «Ich habe auch eine Uhr». Und es sind zudem nur drei verschiedene Vokale: i, a und u.

Hamas?

Ein bayrischer Zollbeamter am Münchner Flughafen bittet einen eben angekommenen Araber, seinen Koffer aufzumachen. Der Araber nimmt sich etwas Zeit, braucht lange, schließlich fragt ihn der Zollbeamte leicht ungeduldig, aber durchaus gutmütig: «Wos is jetzat? Hamas?» Der Araber antwortet: «No, Dschihad.» Darauf der Beamte: «Gsundheit!»

Lächerlich

In Kärnten kann man den deutsch mit ch geschriebenen Laut nicht aussprechen, da sagt man statt ch ein h. Ein Kärntner, dem man dies sagte, meint dazu nur: «Wos? Wos sogen's do? Dös is jo läherlih!»

Hessisch

«Ma sagt doch nix, ma redt doch bloß!» – ein in Hessen klassischer Einwand, mit dem man den Gesprächspartner zu beschwichtigen sucht, wenn er sich über das Gesagte aufzuregen beginnt.

Eigentlich, streng genommen, ist dies ein Sprachwitz. Und durchaus witzig, obwohl gar nicht so gemeint, ist ja der Spruch objektiv betrachtet, weil reden immer auch einschließt, dass man etwas sagt: Es ist kaum möglich, längere Zeit hindurch zu reden, ohne etwas zu sagen. Aber im Einzelfall, über kürzere Strecken, gibt es so etwas immer wieder doch. Denn es gibt ein Reden, das wirklich nur der Aufrechterhaltung des Kontakts, auch der Zuwendung, die in solchem Kontakt liegen kann, dient. Die Sprachwissenschaft hat dafür längst einen (griechischen) Fachausdruck – «phatisches Sprechen». Insofern hat jener Hessenspruch schon seinen Sinn, gar etwas wie *Tiefsinn*. Er meint faktisch: Ich hab doch gar nichts behauptet, wollte und will gar keine bestimmte Meinung von mir geben. Es geht mir doch hier bloß darum, dass man ins Gespräch kommt und darin bleibt. Und das steht auch – emotional – hinter dem, was man hessisch «Gebabbel» nennt. Und da gibt es auch anderswo Entsprechungen. Das schwäbische «Schwätzen» – durchaus positiv gemeint – geht auch in diese Richtung. Man könnte hier sogar Hölderlins berühmtes und schönes «seit ein Gespräch wir sind und hören voneinander» – mit Vorsicht – unterbringen (dies steht in dem Gedicht «Friedensfeier»). Und Gottfried Benns schöne Verse «Kommt reden wir zusammen / Wer redet, ist nicht tot ...» gehört ebenfalls hierher (Beginn des Gedichts «Kommt»).

Ein Pfälzer über Fachärzte

«Wenn isch's an de Därm hab, geh ich zum Darmatologa, wenn ich's an de Ohra hab, zum Ohrologe, und wenn ich net pissa kann, zum Pissiater.»

Ruhrgebiet

Die Frage «Wem ist Fahrrad vor Tür?» ist im Ruhrgebiet ganz korrekt. Ebenso korrekt wäre dort auch die Antwort auf diese Frage, nämlich «Ich».

Ich verwarne Ihnen

Fußball-Dialog im Ruhrgebiet zwischen dem Schiedsrichter und einem Spieler: «Ich verwarne Ihnen!» Darauf die ironische Antwort: «Ich danke Sie!»

Zürich

Drei Herren, ein Schweizer, ein Schwabe und ein Norddeutscher sitzen in einem Zugabteil. Der Zug kommt aus Zürich. Der Schweizer wendet sich freundlich neugierig, einfach um ein Gespräch zu führen bzw. herzustellen, an den Norddeutschen mit der Frage «Send Sie s'Züri gsi?» Der Norddeutsche versteht nicht, und der Schweizer wiederholt erfolglos seine Frage. Da will ihm ein in der Nähe sitzender Stuttgarter zu Hilfe kommen und erläutert: «Er sagt ‹gsi›, er moint aber ‹gwä›.» «Gwä» also als Abkürzung von «gwäsa» (für Normaldeutsch «gewesen»). Damit wird aber dem Norddeutschen die Frage des Schweizers kaum verständlicher.

Drei Krankheiten

Ein Witz aus dem Schwäbischen, der sich gegen die richtet, die von der Schwäbischen Alb kommen. Aber den machen gerade auch die (dies gehört zum schwäbischen Witz), die selbst von dort sind. Und die Namen der hier genannten drei Krankheiten sind mit jeweils sehr in die Länge gezogenen a zu sprechen: «Also, es gibt uf dr Welt drei schwere Krankheita – Lepraaa, Choleraaa ond von dr Alb raaa» (also: «von der Alb herab»).

Intelligenz

Ein schwäbischer Handwerksmeister zu seinem Lehrling: «Es gibt Domme ond Saudomme. Ond also von de Domme bischt du koiner!»

Waschanlage

Ein Bauer von der Schwäbischen Alb will auch einmal mit seinem Auto in eine Waschanlage. Er ist aber misstrauisch und fragt in der Tankstelle, wie das geht. Der Angestellte sagt ihm, er brauche ganz einfach nur alles genauso zu machen, wie es auf dem Schild vor der Einfahrt steht. Nach wenigen Minuten erscheint der Mann völlig durchnässt und mit Schaum bedeckt. «Ja, was ist denn passiert?», fragt der Tankwart. «Also ich hab alles ganz genauso gmacht, wie's do steht. Do hot's erscht ghoißa: ‹Einfahren›, des han i gmacht, und dann hat's ghoißa, und des han i auch gmacht: ‹Gang raus!›.»

GB

In einem kleinen Ort auf der Schwäbischen Alb irritiert das Kennzeichen «GB» an einem geparkten Auto zwei Polizisten:

«Was ischt etzt au des fir a Kennzoicha? Was hoisst ‹GB›?» Der andere sagt: «I woiß au et. Jo, ond's Schteierrad isch uf der falscha Seit!» – «Ah, Mensch, etzt kommt mer's», sagt der erste: «Etzt woiß i's: ‹GB› hoißt ‹Griminalbolizei›.»

Geschüttelter Vergleich

Ein Skifahrer, der es offenbar nicht eilig hat, fährt, irgendwo im Schwäbischen, auf einer Straße eine Zeitlang neben einem Bauernfuhrwerk, auf dem ein großes Fass mit Jauche liegt. Der Bauer fragt schließlich den Skifahrer: «Wisset Se, was dr Onterschied zwischa ons boide isch?» – «Noi!» – «Ha, ganz oifach: Sia send Preis-Schifahrer ond i be Scheißbriafahrer.»

Edelmut der Ziege

Im Schwäbischen fällt, wie auch anderswo (wie etwa im Sächsischen), das ü mit dem i zusammen oder: Es gibt da kein ü; auch übrigens kein ö. Auf diese Weise, mit i statt ü gesprochen, ergeben die schönen Worte aus Schillers «Wilhelm Tell» «Ich kenne dich nicht, aber ich vertraue dem Edelmut deiner Züge» einen anderen Sinn. Aus dem «Edelmut deiner Züge» wird der «Edelmut deiner Ziege». *Züge* und *Ziege* sind, was die Sprachwissenschaft ein «Minimalpaar» nennt: damit sind zwei Wörter gemeint, die sich lautlich nur in *einem* Phonem unterscheiden – eben damit sich zum Beispiel diese beiden Wörter unterscheiden, sind i und ü im Deutschen verschiedene Laute (oder terminologisch korrekter: Phoneme).

Eherecht

Ein (katholischer) Theologieprofessor in Tübingen bemühte sich besonders um eine korrekte hochdeutsche Aussprache.

So insbesondere um die der im Dialekt nicht vorhandenen Umlaute ü und ö. Am Ende des Semesters kündigte er den Titel seiner Vorlesung im folgenden Semester an: «Em nächsta Semeschter läse ich dann iber das Thema ‹Grondziege des Öherechts›.»

Lautvertauschungen

Gescheiterter Versuch eines Schwaben, lautrein und ausdrucksvoll vorzulesen: «Und aus dem Garten erglangen die Schmölztene einer Goige.»

In einer schwäbischen Wirtschaft

Ein Gast kommt rein, ruft die Bedienung: «Rickele?» Sie kommt und fragt: «Wasele?» Der Gast sagt: «A Viertele!» Sie bringt es ihm an den Tisch, stellt das Glas hin und sagt: «Sodele!»

Stammtisch

Statt dem üblichen Schild «Stammtisch» steht auf dem Schild in einem schwäbischen Wirtshaus: «Dohoggetdiewoemmerdohogget», also: «Da sitzen (hocken) die, die immer da sitzen.» Für «sitzen» sagt man im Schwäbischen normalerweise «hocken» («hogga»), wenn «sitzen» gesagt wird, ist im Prinzip Haft gemeint – «Der sitzt.»

Plusquamperfekt – schwäbisch

> I han amol oin kennt kett,
> der hot oine kennt kett,
> die hot a Kent kett.
> Des hot se aber et von sellem kett,

> der hot nemlich nemme kennt kett.
> Se hot aber au no an andre kennt kett,
> ond der hot no kennt kett,
> ond vo dem hot se des Kent kett.
> Ond wenn se den net kennt kett hett,
> no hett se au des Kent net kett.

(«kett»: «gehabt»; «kennt»: sowohl für «gekannt» wie auch für «gekonnt»; «et» steht für «nicht» und «von sellem» für «von diesem»; bei Fritz Rahn, «Der schwäbische Mensch und seine Mundart. Beiträge zum schwäbischen Problem», Stuttgart 1962, S. 79/80.)

Schwäbisch

Eine Urlauberin aus dem Norden Deutschlands macht sich darüber lustig, dass die Schwaben «ischt» statt «ist» sagen. «Ha, also gell, des hot scho sein guata Grond», sagt ein Schwabe. «Es ischt doch wichtig, dass mr onderschoide ka, ob ebber a Gans isst oder a Gans ischt.»

Wie geht's?

Auf die Frage «Wie geht's Ihnen» erhält man von einem Schwaben typischerweise, wenn's ihm gut geht, diese knappe Antwort: «Danke! S'gibt emmer G'schäft!»

Ihr oder ich?

Ein Bürgermeister von ehemals (17. Jahrhundert) aus dem schwäbischen Rottweil hat eine Ansprache an einen durchreisenden Fürsten zu halten. Gleich zu Beginn entfährt dem Bürgermeister ein Furz. Empört dreht er sich geistesgegenwärtig um zu den hinter ihm stehenden Ratsherren und herrscht sie an: «Ja, schwätzet etzt ihr oder i?»

Der philosophische Metzger aus Tübingen

Der aus Niedersachsen stammende seinerzeit hochbekannte Berliner Philosoph Eduard Spranger («Psychologie des Jugendalters», 1924), der nach 1945 in Tübingen lehrte, begann dort einen Vortrag über den aus Stuttgart stammenden Georg Wilhelm Friedrich Hegel mit dem Satz: «Er kam mit allem, was er hatte, aus dem geistig tiefsten von Deutschlands Stämmen.» Bei der Huldigung dieser Region dachte er aber wohl kaum auch an den Jahrzehnte früher in Tübingen lebenden Metzgermeister Christian Späth, der nebenher auch dichtete und darauf stolz war. Von ihm gibt es diese zumindest in Tübingen bekannten Verse: «Der Mond braust durch das Neckartal, / Die Wolken sehen aus wie Stahl, / Und in den Gassen spürst du nix / Als wie die Tücke des Geschicks.» Späth pflegte zweimal in der Woche sehr früh am Morgen, noch bei Dunkelheit, von dem nahen Dusslingen, wo er am Abend zuvor Schweine eingekauft hatte, mit seinem Fuhrwerk nach Tübingen zurückzufahren. Von diesen Fahrten gab er einmal den folgenden philosophisch informierten Bericht: «Ond wenn i, no en der Nacht, so hoimfahr, dr geschtirnte Hemmel iber mir, das moralische Gesetz en mir ond meine Säu henter mir – des send meine beschte Stonda!» In seinem Garten ließ er für sich selbst ein Denkmal errichten mit der Inschrift: «Dem Dichter Christian Späth – Das dankbare Vaterland».

Fremdsprachiges

«Wie köstlich ist doch das Deutsche! Zum Beispiel das Wort *Wasser*, da hört man regelrecht, wie es tröpfelt, plätschert, sprudelt und spritzt. Die Nässe steckt mit darin und auch das Erfrischende. Englisch *water* geht ja auch noch einigermaßen. Aber französisch *l'eau* – was ist schon *l'eau*?»

(Leider weiß ich nicht mehr, wer – ich hoffe, doch wohl ironisch – diesen netten Unsinn gesagt hat.)

Übersetzungen 1

Jeder kennt Goethes Gedicht «Ein Gleiches». Der seltsame Titel erklärt sich dadurch, dass ihm (übrigens schon in der ersten Sammlung seiner Gedichte, 1815) das Gedicht «Wanderers Nachtlied» vorausgeht – so gilt dieser Titel auch für dieses wohl doch bekannteste deutsche Gedicht überhaupt:

> Über allen Gipfeln
> Ist Ruh,
> In allen Wipfeln
> Spürest du
> Kaum einen Hauch;
> Die Vögelein schweigen im Walde.
> Warte nur, balde
> Ruhest du auch.

Da gibt es nun seit 1965 die hübsche Anekdote, dieses Gedicht sei 1902 ins Japanische übersetzt, und diese Übersetzung sei 1920 ins Französische übersetzt worden, eine Übersetzung

wiederum, die jemand kurz danach ins Deutsche übersetzt hat
– also kam Goethes Gedicht übers Japanische und das Französische ins Deutsche zurück. Aber nun hörte es sich, gar nicht schlecht, so an:

> Stille ist im Pavillon aus Jade
> Krähen fliegen stumm
> Zu beschneiten Kirschbäumen im Mondlicht,
> Ich sitze
> Und weine.

(Vgl. hierzu Dagmar Matten-Gohdes, «Goethe ist gut – Ein Lesebuch», Weinheim/Basel 1982, S. 66)

Limericks

Der Limerick ist eine speziell englische Gattung, in England auch als «nonsense poetry» bezeichnet (es muss aber schon ein, nach englischen Kriterien, *qualifizierter* Unsinn sein). Man redet sprachwitzig auch von «Learics» und zwar nach dem Dichter und Maler Edmund Lear (1812–1888), der mehrere hundert Limericks geschrieben hat. Das erste, sehr berühmte Beispiel stammt von Edmund Lear selbst, das zweite wird dem Dichter Cosomo Monkhouse zugeschrieben, und das dritte ist ein Limerick *über* den Limerick, ein Meta-Limerick:

> There was an old man with a beard,
> Who said ‹It is just as I feared.
> Two owls and a hen,
> Four larks and a wren,
> Have all built an nest in my beard.›

(zwei Eulen also, eine Henne, vier Lerchen und ein Zaunkönig)

There was a young lady of Riga
Who went for a ride on a tiger,
they returned from the ride
with the lady inside
and a smile on the face of the tiger.

The limerick's an art form complex
whose contents run chiefly on sex,
it's famous for virgins
and masculine urgins
and vulgar erotic effects.

Aber: Es gibt auch deutsche Limericks, zwei Beispiele:

Ein Knabe in Tehuantepec,
der lief auf der Bahn seiner Tante weg,
    sie lief hinterher,
    denn sie liebte ihn sehr,
und außerden trug er ihr Handgepäck.

(Curt Peiser)

Es gingen zwei Mädchen aus Schlesien
Beim Oktoberfest auf der Theresien-
    wies' gänzlich allein.
    Ein Prinz lud sie ein,
nun sind sie in Indonesien.

(Walter Meckauer)

Aufpolieren

Ein aus Polen in die USA emigrierter Jude studiert in einem Buch. Jemand fragt ihn: «What are you reading?» Er antwortet: «I am reading a grammar. I want to polish up my English.» «Well», sagt der andere: «it's not necessdary: your English is Polish enough.»

Übersetzungen 2

Schild an einem Strand in den Vereinigten Staaten: «Marine stingers are known to be present in this area». Darunter die Übersetzung ins Französische: «Avertissement – Aiguillons Marins sont sus pour être des cadeaux dans ce secteur». Was eigentlich heißt: «Warnung – man weiß, dass in diesem Sektor Meeresstecher Geschenke sind» (englisch *present* «anwesend» wird hier also mit dem Wort übersetzt, das *present* «Geschenk», französisch «cadeau» entspricht). So auch in der Übersetzung ins Deutsche, die unter der Französischen auch auf dem Schild steht: «Warnmarinestachel werden gekannt, Geschenk in diesem Gebiet zu sein». Gemeint ist: «Es ist bekannt, dass es in diesem Gebiet stechende Quallen gibt».

Thomas Cook

«Thomas, cook it!»

Lear

«Lear her, Lear her, oder ich fall um!» – Produkt des Regietheaters (es geht da also um Shakespeares Stück «King Lear»).

Falsch

In einer wissenschaftlichen Diskussion an einer amerikanischen Universität fragte der Redende, sich auf das Gesagte beziehend, immer wieder die Zuhörenden besorgt: «Is it clear?», bis zuletzt einer sagte: «It's perfectly clear, but it's wrong!»

Etwas sagen

Der als nicht sehr intellektuell geltende amerikanische Präsident Ronald Reagan zu Beginn einer Rede mit freundlichem Lächeln: «Before I start my speech, I'd like to say something.»

Lord Acton

Von dem britischen Historiker Lord Acton (gestorben 1902) stammt das schöne und tiefe Wortspiel, das daher auch kein Kalauer im deutschen Sinn ist: «Power tends to corrupt and absolute power corrupts absolutely», «Macht tendiert dazu zu korrumpieren, und absolute Macht korrumpiert absolut» (aber «absolutely» wäre hier wohl besser mit «ganz und gar» oder «völlig» zu übersetzen, aber dadurch wäre das Wortspiel aufgehoben).

Englisches Palindrom

Ein Palindrom ist, wie zuvor erläutert, eine Wortfolge, die sowohl normal, also von links nach rechts, wie auch rückwärts gelesen werden kann und dabei denselben Sinn ergibt. Ein englisches Beispiel ergibt sich, als Adam Eva zum ersten Mal sah und gleich nach ihrer Erschaffung sich vorstellend sagte: «Madam, I'm Adam!»

Zweisprachiger englisch-deutscher – und ziemlich guter – Schüttelreim

The princess found the little Moses
A Judakind, a mittelloses.

(mitgeteilt von Martin Mosebach)

Der junge Pudel

James showing a poodle puppy to his friend said: «I just got this poodle for my girlfriend.» The friend: «That was a good trade.» Es lässt sich auf Deutsch genauso gut sagen: «Gerade habe ich für meine Freundin diesen jungen Pudel bekommen.» – «Das war ein guter Tausch.»

Zur Kindlichkeit des Englischen

Etwas polemische, aber doch ganz nette Übersetzung (soviel Polemik darf sein), um die Kindlichkeit des Englischen hervorzuheben: «Wie tust du tun, Säugling?» – «How do you do, baby?» (Hinweis von Jürgen Trabant)

Differenziertheit des Englischen

Anders steht es dagegen mit der englischen Sprache, ohne die man nicht mehr auskommt, wenn man sich differenziert ausdrücken will. «Fuck off», zum Beispiel (so jemand, von Jürgen von Stackelberg zitiert, bereits am 4.11.1986 in der «Frankfurter Allgemeinen Zeitung»).

Taxi – echter Kalauer

A businessman was late for an appointment. As he hurried out he called to the commissionaire: «You there, call me a taxi!» The commissionaire tapped his cap: «Okay, you are a taxi.» Also: «Call me a taxi» kann sowohl «Rufen Sie mir ein Taxi!» meinen als auch «Nennen Sie mich ein Taxi!» Und ein «commissionaire» ist hier ein Portier.

Radfahrender Hund

Policeman: «Excuse me, Sir, your dog's been chasing a man on a bicycle.» – Man: «Ridiculous, constable, my dog can't ride a bicycle.» Der Polizist sagt also: «Entschuldigen Sie, mein Herr, Ihr Hund hat einen Mann auf einem Fahrrad angegriffen.» Darauf der Angeredete: «Das ist doch lächerlich, Herr Wachtmeister, mein Hund kann gar nicht Rad fahren.» Natürlich ist der Satz des Polizisten nur rein grammatisch zweideutig – von der Wirklichkeit her (und nur für diese interessieren sich Polizisten) ist die Sache absolut eindeutig, eben weil Hunde nicht Rad fahren können ...

Neue Krankheit

Bevor Präsident George W. Bush zu einer zweiten Amtszeit wiedergewählt wurde (2004), war von einer neu kursierenden, schweren Krankheit die Rede, die als «Gonnorealectim» bezeichnet wurde, was lautlich ziemlich genau dem Satz «We are going to reelect him» entspricht – zum Witz gehört natürlich der Anklang an *gonorrhea*, dem Wort für Tripper oder (griechisch gelehrt) Gonorhöe.

Sorry

Vor vielen, vielen Jahrzehnten, als die Welt noch britisch war, begegneten sich in China in einem Zug zwei Engländer, die sich nicht kannten. Es ergibt sich folgender knapper und rasch endender Dialog: «British?» – «British.» – «Soldier?» – «Soldier.» – «Officer?» – «Officer.» – «Homosexual?» – «Homosexual.» – «Oxford?» – «Sorry.»

Safety

«Safe-tea first» (Werbung für ein Tee-Gechäft).

Tipp

Ein älterer Freiburger Professor, der aus Ungarn stammte, aber lange in England gelebt hatte, hatte in den Gasthäusern (in Freiburg) meist Sonderwünsche. Er pflegte die Bedienung mit dem Satz zu beruhigen: «Ja, bitte, ist mir wichtig, Sie kriegen von mir auch einen guten Tipp!» Damit meinte er englisch *tip*, also Trinkgeld.

Bohnensuppe.
Ich will nicht wissen, was es war, sondern was es ist

Hübscher, natürlich unübersetzbarer englischer Kalauer: Gespräch zwischen Gast und Kellner: «Waiter! What is this?» – «It's bean soup, sir.» – «I don't want to know what it's been. I want to know what it is!»

Accident

Bei einem Unfall in England, an dem ein Fahrradfahrer schuld ist, stürzt ein Fußgänger, es passiert aber weiter nichts, der Mann ist nicht verletzt, er steht auf und wischt sich den Schmutz weg. Und nun: A man came running over to him and asked: «Have an accident?» The pedestrain said, «No, thanks. Just had one!» Rein grammatisch kann dies in der Tat sowohl «Hatten Sie einen Unfall?» heißen als auch «Wollen Sie einen Unfall haben?»

Farbiges Englisch

Zwei der wichtigsten Kennzeichen des Englischen der Farbigen in den USA sind erstens das Fehlen der sogenannten «Kopula», also des Verbs *sein, to be,* vor Substantiven, Adjektiven und Adverbien, zweitens die Aussprache d für das th am *Wortanlaut*. Nun war der Gouverneur von Alabama, ein notorischer Rassist, gestorben. Er kam ans Himmelstor: «He knocked at the door. ‹Who dere?›, was the response from inside. – ‹All right, I'll try the other place› , was the governor's spontaneous reply.» («Gut, ich versuch's an der anderen Tür.») Er wusste also gleich, wo er nicht hineingehen wollte ...

Kriminalroman

Eine Kandidatin in der Englischprüfung. Die Prüfung ist morgens um neun, und der Prüfende erkundigt sich zunächst auf Englisch, ob sie gut geschlafen habe: «Yes», sagt sie, «I am not nervous at all. I went to bed with a criminal Roman.»

Weißes Haus

Unter Präsident Bill Clinton gab es ja die berühmte Affaire mit der Praktikantin Monica Lewinsky. Clinton versicherte nachher, er habe «keinen Sex» mit ihr gehabt. Damals redete man statt von «Oval Office» auch vom «Oral Office».

Mündliche Prüfung

In Spanien gab es dazu den Witz von dem Mädchen, das im Weißen Haus eine Praktikantenstelle beantragt und sich nach der Aufnahmeprüfung erkundigt: «¿El exámen es por escrito o por oral?», «Ist die Prüfung schriftlich oder mündlich?»

Wieviel Uhr?

In «Casablanca» unterhält sich in der berühmten «American Bar» ein deutsches Ehepaar auf dem Weg in die Emigration in die USA. Um sich zu üben und um ihre alte Identität möglichst restlos abzulegen, sprechen sie untereinander bereits Englisch. «What watch is it?», fragt die Frau. Der Mann antwortet: «Six watch.» Darauf die Frau erstaunt: «Such much?»

Deutsch auf Französisch

In ihren gar nicht üblen, jedenfalls rührenden Erinnerungen «Aus Dodos Kindheit» (sie wurden 1903 geschrieben, aber erst 1958 veröffentlicht) berichtet Julia Mann, die in Brasilien geborene Mutter von Thomas und Heinrich (und von Carla, Julia und Victor) Mann, von einer Französisch sprechenden Schweizerin aus Lausanne, Suzette mit Namen, die in dem Lübecker Pensionat als Lehrerin tätig war, in dem Julia als Schülerin wohnte. Diese Suzette, die also das Deutsche zusätzlich zu ihrer Muttersprache erlernen musste, ließ im Deutschen das h immer da weg, wo es hingehörte, und sprach es genau da, wo es nicht sein durfte. So sagte sie zu Besuch auf einem Gutshof zu dessen Besitzer Arnemann: «Err Harnemann, was aben Sie für großhartigen Hochsen.» Julia gar nicht unwitzig: «Für sie gab es h im Deutschen nur da, wo keines ist.» Suzette schlief in demselben Zimmer wie die Schülerinnen. Nachts fuhr sie manchmal laut schreiend hoch: «Ülfen! Ülfen! Dieben! Dieben!» Alles schreckte auf. Als ihr klar wurde, dass sie geträumt hatte, sagte sie: «Ah mon Dieu, mon Dieu! Mais soyez tranquilles, mes enfants, ce ne sont que mes cauchemars; ils sont déjà passés, – dormez – dormez encore!» Sie hatte also Alpträume. Dieses Detail taucht auch in «Buddenbrooks» auf. Da ist die Schweizerin eine Französin, heißt Mademoiselle Popinet, und Toni Buddenbrook berichtet: «Mlle Popinet hatte in der letzten Nacht wieder Alpdrücken gehabt, erzählte sie ... Ah, quelle horreur! Sie pflegte dann ‹Ülfen, Ülfen! Dieben, Dieben!› zu rufen, dass alles aus dem Bett sprang» (2. Teil, 6). Also war sie, jedenfalls im Schlaf, auch grammatisch, in der Bildung der Mehrzahl, nicht sicher.

Noch so ein Fall!

«Ich habe ein artes Hei gegessen.», «Er at ein Öhrgerät am linken Hohr.» Wieder also Vertauschung der Stelle des im Französischen nicht vorgesehenen Lautes h im Deutschen.

Gleichlautende Sätze

Die beiden französischen Sätze «Le tiroir est ouvert», «Die Schublade ist offen» und «Le tiroir est tout vert», «Die Schublade ist ganz grün» klingen genau gleich. Dasselbe gilt für: «passer à la poste hériter», «zur Post gehen, um zu erben» und «passer à la postérité», «in die Nachwelt eingehen». Daraus dann der Satz «Il vaut mieux passer à la poste hériter plutôt que de passer à la postérité», «Es ist besser zur Post zu gehen, um zu erben, als in die Nachwelt einzugehen.» Oder dann die völlige lautliche Gleichheit von: «un inconnu» und «un nain connu», «ein Unbekannter» und «ein bekannter Zwerg» – auch hier beim Hören keinerlei Unterschied. Diese Beispiele zeigen zugleich, dass ein französichsprachiges Kind sich beim Erwerb des Lesens und Schreibens mehr anstrengen muss als ein deutschsprachiges! Für ein englischsprachiges gilt dies erst recht.

Nitre et Sarzan

Der Philosoph und Schriftsteller Jean-Paul Sartre hatte in der Pariser Eliteschule, wo er war, der «École Normale Supérieure», einen auch sehr begabten Mitschüler – Paul Nizan, der später ebenfalls ein bekannter Mann, Kritiker, Journalist, Romanschreiber, wurde (er fiel jedoch 1940 im Krieg). Sartre und Nizan waren in jener Schule unzertrennliche Freunde. Weshalb man da von «Nitre et Sarzan» redete. Man machte also aus beiden Namen eine Mischung, mit dem Fachwort: eine Kontamination, oder (englisch) ein blending.

Plural

Ein Schüler in einer französischen Schule heißt «Kons». Der Lehrer ruft ihn: «Con – au pluriel!» Hier muss man wissen, dass *con*, das eigentlich das weibliche Organ bezeichnet, gleichzeitig das allerhäufigste, einigermaßen derbe Schimpfwort ist. Es entspricht im Stilwert ungefähr unserem (pardon!) *Arschloch*. Jeder Franzose wird also, von seiner Witztradition her, die anders ist als unsere, «Con – au pluriel!» witzig, ja geistreich finden.

Besetztes Frankreich

Nach der Besetzung Frankreichs durch die deutsche Wehrmacht ging alsbald der Spruch um: «Maintenant on bloque les comptes et on compte les blocs», «Jetzt werden die Konten blockiert und die Blocks gezählt.»

Condorcet

In Frankreich, unter dem Präsidenten Jacques Chirac, gab es eine Zeitlang den Außenminister Philippe Douste-Blazy. Er galt für französische Verhältnisse – denn führende französische Politiker sind zumeist intellektuell brillant – als einigermaßen unterbelichtet: Er sprach keine Fremdsprachen, und vor allem war sogar sein Französisch nicht auf der gebotenen Höhe. Nun residiert der Außenminister im Pariser Palais d'Orsay. Man nannte Douste-Blazy also den «con d'orsay», was gleichlautend ist mit dem Namen des französischen Gelehrten und Politikers Condorcet (18. Jahrhundert). Nach diesem ist eine berühmte Schule benannt: das «Lycée Condorcet». *Con* ist aber ein vulgäres und sehr häufiges Schimpfwort und, wie gesagt, deutsch am ehesten mit ‹Arschloch› zu wiederzugeben.

Die Wirkung lässt nach

In einer der klassischen französischen Tragödien, dem «Polyeucte» (1643) von Pierre Corneille, heißt es gleich zu Beginn (1. Akt, 1):

«Vous me connaissez mal: la même ardeur me brûle,
Et le désir s'accroît quand l'effet se recule.»

Dies heißt: «Sie kennen mich schlecht: Mich verbrennt die gleiche Glut, / Und die Begierde nimmt zu, wenn die Wirkung nachlässt». Rein vom Hören her könnte dies aber genauso gut heißen: «Und die Begierde nimmt zu, wenn die Hinterbacken sich zurückziehen» – dies wäre dann geschrieben: «quand les fesses reculent». Bei den Aufführungen des Stücks rettet man sich nunmehr durch eine kleine Veränderung, welche den Sinn eindeutig macht: «lorsque l'effet recule».

Clemenceau

Ein Lehrer sagt zu seinem Schüler, der Clément heißt: «Clément, vous êtes un sot – je dirais presque ... un Clemenceau!» Zwischen «Clément sot» und «Clemenceau» ist lautlich nur ein geringer Unterschied – der zwischen geschlossenem e (é geschrieben) und einem zu unserem ö tendierenden (geschrieben e).

Der Mond

«Man hat den Mond Mond genannt, weil man sah, dass es der Mond war», «On a appelé la lune la lune parce qu'on voyait que c'était la lune». So sagte ungewollt sprachwitzig ein französisches Kind, als man es fragte, warum der Mond «la lune» heiße. Diese Antwort umschreibt – als ein ganz ungewollter Sprachwitz –, was dem normalen Erleben der Wörter der eigenen Sprache entspricht: der Sprechende erlebt die Wörter seiner Sprache in der Tat als vollkommen richtig, angemessen und treffend. Also etwa: aber das sieht man doch, dass das der Mond ist, das kann doch nur der Mond sein, der kann nur so heißen, denn – wie sollte er sonst heißen? Muttersprachliches Urvertrauen: Die Wörter stimmen, sie müssen genauso sein, meinen wir irrtümlich, wie sie sind.

Zucker

«Zucker ist das, was den Kaffee so bitter macht, wenn man keinen rein tut», «Le sucre c'est ce qui rend le café si amer quand on n'en y met pas» – so definierte beinahe geistreich ein französisches Kind den Zucker.

Albernes

«Elle est folle à la messe.» – «Elle est molle à la fesse.» «Sie ist verrückt bei der Messe.» – «Sie ist weich an der Hinterbacke.»

Geistreiches

Madame du Deffand, eine der großen Salondamen des 18. Jahrhunderts in Frankreich, sagte über das Hauptwerk des Philosophen Montesquieu «Der Geist der Gesetze», «L'Esprit des Lois»: «C'est de l'esprit sur les lois.» Somit wörtlich: «Geistreiches über die Gesetze.» Dazu bemerkte der große englische Biograph Lytton Strachey, der diesen Satz der du Deffand zitiert, er sei «an almost final criticism», «eine fast tödliche Kritik» («Books and Characters»).

Monte Carlo und Monteverdi

Klassischer Kalauer: «As-tu vu Monte Carlo?» – Die Frage kann heißen, wenn man sie nur gesprochen hört: «Hast du Monte Carlo gesehen?» aber auch «Hast du Carlo hochkommen sehen?» Wenn das erste gemeint war, ist die Antwort «Nein, ich habe niemand hochkommen sehen», «Non, je n'ai vu monter personne» lustig, weil sie auf einem Missverständnis beruht ... Dann ähnlich: Ein Musiker, eben im Himmel angekommen, fragt einen Freund, den er trifft, nach einem von ihm hochverehrten Komponisten: «As-tu vu Monteverdi?» Aber die Frage könnte auch meinen: «Hast du Verdi hochkommen sehen?»

Gai
Si tu es gai, ris donc!

Dies kann heißen: «Wenn du fröhlich bist, so lache doch!» Aber «gai ris donc» kann auch heißen, natürlich nur gesprochen, «so werde doch gesund!», also «guéris donc!» (Das Wort *gay*, das aus dem Englischen ins Deutsche sowie natürlich auch ins Französische kam, kann französisch gay oder gai geschrieben werden – seltener Fall, weil sonst im Französischen fast alles fest geregelt ist, und *gai* «fröhlich» wird ge gesprochen.) Also auch kalauerig: «Si tu es gai, guéris donc!»

Genet besucht Cocteau

Jean Genet (1910–1986), bekannter und interessanter französischer Schriftsteller, homosexuell, besucht seinen noch bekannteren, auch homosexuellen Kollegen Jean Cocteau. Le domestique qui lui ouvre la porte lui demande: «C'est pour le maître?» Genet répond: «Non, c'est pour le voir.» Der etwas derb anzügliche Witz (aber in Frankreich ist man in dem Punkt toleranter) beruht auf dem Gleichklang von *maître* und *mettre*, und Letzteres hat eine ordinäre Nebenbedeutung.

Grabschrift für einen Dichter

«Les vers se vengent». Das kann heißen (und beides passt): «Die Verse werden gerächt» und «Die Würmer rächen sich».

Für seine Akte verantwortlich

«Tout auteur dramatique est responsable de ses actes.» Kann entweder heißen: «Jeder dramatische Autor ist verantwortlich für seine Handlungen» oder «für seine Akte» – und das Letztere ist auf jeden Fall richtig.

Kurzer sich reimender Werbespruch

Knorr – j'adore

Der hohle Bürgermeister

«Le maire creux dit et m'a redit lundi: ‹Je dis que vendre dimanche, ça me dit›.» Das heißt: «Der hohle Bürgermeister sagt, und er hat es mir am Montag wieder gesagt: ‹Am Sonntag verkaufen, das sagt mir zu›.» Da sind also die Wochentage *lundi* und *dimanche* direkt enthalten – aber auch, versteckt, der Reihe nach, *mercredi* (maire creux dit), *mardi* (m'a redit), *jeudi* (je dis), *vendredi* (vendre di) und *samedi* (ça me dit).

friser* und *raser

Prinz Louis in Fontanes Erzählung «Der Schach von Wutenow»: «Ah, Lombard! Den Lombard nehm ich nicht ernsthaft und stell ihm außerdem noch in Rechnung, dass er ein halber Franzose ist. Dazu hat er eine Form des Witzes, die mich entwaffnet. Sie wissen doch, sein Vater war *Friseur* und seiner Frau Vater ein *Barbier*. Und nun kommt eben diese Frau, die nicht nur eitel ist bis zum Närrischwerden, sondern auch noch schlechte französische Verse macht, und fragt ihn, was schöner sei: ‹L'hirondelle *frise* la surface des eaux› oder ‹L'hirondelle *rase* la surface des eaux?› Und was antwortet er?

‹Ich sehe keinen Unterschied, meine Teure; l'hirondelle *frise* huldigt *meinem* Vater und l'hirondelle *rase* dem *deinigen*›. In diesem Bonmot haben Sie den ganzen Lombard.» Die beiden französischen Sätzchen meinen also dasselbe: «Die Schwalbe streift – ‹kräuselt› , ‹rasiert› – die Oberfläche der Gewässer».

Voltaire

Der große Altphilologe Friedrich August Wolf (gestorben 1824) schreibt an seinen Schwiegersohn, den er auf der Durchreise nicht angetroffen hatte: «Es geht mir mit Ihnen, wie einst einem Engländer mit Voltaire in Ferney» (an diesem Ort am Genfer See war dessen Wohnsitz), «dem Voltaire, ohne sich sprechen zu lassen, den Tisch voll Speise und Trank richten ließ, und der beim Wegreisen auf den Platz schrieb: ‹M. de Voltaire est comme Dieu; on le mange, on le boit, mais on ne le voit pas›, wofür ihn Voltaire durch einen Reiter von der Landstraße wieder zurückholen ließ». Also: «Herr von Voltaire ist wie Gott; man isst ihn, man trinkt ihn, aber man sieht ihn nicht». Dieser Ausspruch hat also Voltaire so gefallen, dass er den Mann zurückholen ließ.

Der Freiesser oder –
Das Ergebnis einer Terminschwierigkeit

Der berühmte französische Literaturkritiker Charles-Augustin Sainte-Beuve (1804–1869) lud im April 1868 zu einem Abendessen in seine Wohnung in der Rue du Montparnasse in Paris ein. Es war eine prominente und interessante Runde: Der große Gustave Flaubert war dabei, dann der bedeutende Historiker Hippolyte Taine, auch Ernest Renan, ebenfalls Historiker und außerdem Religionswissenschaftler (er schrieb ein berühmtes Jesus-Buch), schließlich der eher demokratisch gesonnene Prinz Napoleon, genannt «Plon-Plon», kein geringer Mann, denn Kaiser Napoleon III., der damals regierte, war sein Vetter. Der Prinz hatte Terminschwierigkeiten, und am Ende blieb nur ein Tag übrig – der Karfreitag. Dies war jedoch für keinen der Teilnehmer ein Problem. Aber die Sache kam heraus und wurde ein mittlerer Skandal. Denn natürlich: fleischlos frugal war dieses Essen nicht. Man kennt das Menu genau: Tapioka-Suppe (Tapioka ist eine Stärke, die aus der Wurzel der Yuka-Palme gewonnen wird), Lachsforelle (bis hierher war alles korrekt), dann aber Rinderfilet Madeira, getrüffelter Fasan, Spargelspitzen, Salat, Café-Parfait, Dessert; dazu trank man Château Margaux (Bordeaux), Côtes de Nuit (Burgund), Musigngy (ebenfalls aus Burgund), Château d'Yquem (hochberühmter süßer Weißwein aus der Bordeaux-Gegend, jedenfalls heute enorm teuer), schließlich (ohne nähere Spezifizierung) Champagner. Übrigens hatte der Sekretär Sainte-Beuves, Jules Troubat, als er das Menü mitteilte, nur die Sorge, es könne ein wenig «bourgeois» erscheinen! Wolf Lepenies, der von diesem Karfreitagszauber berichtet, merkt lakonisch an: «Wahrlich ein typisches Karfreitagsessen!» (Wolf Lepenies, Sainte-Beuve, Auf der Schwelle zur Moderne, München/Wien 1997, S. 103)

Doch uns interessiert das Sprachliche! Es gibt die Bildung «Freidenker», französisch «libre-penseur» (aber das deutsche Wort kam, nach dem «Etymologischen Wörterbuch der deutschen Sprache» von Kluge/Seebold aus dem englischen «freethinker»). «Libre-penseur» wird im gleichsam autoritativen berühmten Lexikon «Petit Larousse» (es ist aber gar nicht so klein) mit «Personne qui professe un rationalisme antireligieux» erläutert: jemand also, der «sich zu einen antireligiösen Rationalismus bekennt». Dieses Lexikon nennt aber auch noch die ältere Bedeutung: «jemand, der sich, was die Religion angeht, nur auf die Vernunft verlässt und die Unterwerfung unter Dogmen ablehnt», «Personne qui, en matière de religion, ne se fie qu'à la raison et refuse la sujétion aux dogmes». Bemerkenswert: diese Bedeutung enthielt also nicht bereits das Antireligiöse. Übrigens nannte man auf Französisch solche Köpfe im 17./18. Jahrhundert nicht nur «freie Geister», «esprits libres», sondern auch, noch positiver, «starke Geister», «esprits forts» – sie dachten «frei», dies war doch wohl der Gedanke, weil sie «stark» waren.

Nun also, nach der Vorlage von «libre-penseur» wurde, anlässlich jenes «Karfreitagsessens» ein neues Wort gebildet: Sainte-Beuve nämlich wurde zum «Freiesser», «libre-mangeur», ernannt! Und Gustave Flaubert, den Dummheit faszinierte, trug in sein berühmtes «Wörterbuch der gängigen Gedanken», «Dictionnaire des idées reçues», unter «Sainte-Beuve» ein: «Aß karfreitags immer nur Fleisch und Wurst» – mit der klassischen Verallgemeinerung: «einmal, also *immer*» und «*nur*» (denn es gab ja auch an jenem Freitagabend Spargelspitzen und Salat).

Natürlich wurde das Wort «libre-mangeur» kein Bestandteil des französischen Wortschatzes: es blieb einmalig, okkasionell, nur auf diesen Anlass bezogen, weil man ja, im Unterschied zu «libre-penseur», für *diese* Bedeutung kein Wort braucht ... Es blieb ein – jetzt vergessener – guter Sprachwitz.

Spanisch

A Miamian is in an elevator when four Vietnamese come in and start to chatter in their Vietnamese language. The Miamian says: «You are in America now. So speak Spanish!» Also ein Mann in Miami, der seit jeher dort wohnt und, wie sehr viele dort – und darum geht es in diesem Witz –, praktisch nur Spanisch redet, ist in einem Aufzug, als vier Vietnamesen hereinkommen und anfangen, in ihrer vietnamesischen Sprache zu reden oder, wie es hier heißt, zu «plappern» oder gar zu «schnattern». Da sagt der Herr aus Miami: «Sie sind jetzt in Amerika. Sprechen Sie also Spanisch!»

Borges

Für den argentinischen Dichter Jorge Luis Borges gibt es hierzulande die hübsche Werbung für sein Werk: «Wenn du es nicht kaufen kannst, borg es.» Allerdings lautet die korrekte spanische Aussprache des Namens: «Bórches» (und das ch so wie es deutsch vor einem a oder o oder u gesprochen wird).

Kalaschnikow

Die Gebrüder Kalaschnikow
(Ulrich Erckenbrecht)

Wieviele Sprachen

Der große russische Sprachwissenschaftler Roman Jakobson (er lehrte aber in den USA) wurde einmal gefragt, ob er tatsächlich sechzehn Sprachen spreche. Er antwortete: «Ja, aber alle auf Russisch.»

Russisch

Offenbar gab es unter russischen Emigranten (solchen also, die nach der Revolution geflohen waren) einen beliebten gegen die Kommunisten gerichteten Scherz. Natürlich hielten diese Emigranten die Umbennenung von St. Petersburg in Leningrad zuallermindest für albern: «Rein grammatisch», pflegten sie zu sagen, «kann ‹Leningrad› nur ‹Lenchens Stadt› bedeuten» (darüber berichtet Vladimir Nabokov in seiner sehr starken, melancholisch humorigen Erzählung «Mein Bruder»).

Vatikan – bankrott

Papst Pius IX., «Pio Nono», der das erste Vatikanische Konzil einberufen hat, das 1870 durch den Krieg Deutschlands (oder eigentlich Preußens) gegen Frankreich abrupt endete, sagte eines Tags über diejenigen Bischöfe, die für die Unfehlbarkeit des Papstes waren und diesen Beschluss, für den er übrigens auch war, betrieben – was jedoch das Konzil verlängerte und es somit auch für den Vatikan immer teurer machte: «Questi infallibili mi faranno fallire.» Also (dieser Wortwitz ist schlecht übersetzbar, weil er an der italienischen Sprache selber hängt): «Diese Unfehlbaren werden mich zum Bankrott bringen»; deutsch *Bankrott machen* – italienisch *fallire*.

Ein Gegner der päpstlichen Unfehlbarkeit, also der Infallibilität, war der sehr gelehrte Rottenburger Bischof Karl Joseph von Hefele (1809–1893). Er unterwarf sich aber schließlich schweren Herzens dem neuen Dogma. Da gibt es nun eine Anekdote, einen Ausspruch, der sich nun wieder nicht ins Italienische übersetzen lässt. Eines Abends bei Glatteis in Rottenburg fasste ihm sein Begleiter unter den Arm mit dem Satz «Kommet Se, Herr Bischof, i halt Sie fescht, s'isch wegen dr Hinfallibilität!»

In dubio

In dubio Prosecco!

Zwei falsche Übersetzungen aus dem Lateinischen ins Englische

Mors certa, hora incerta: «Sure as dead, the clock is wrong.» Und *Cave canem*: «Beware I might sing.» Richtig also: «Der Tod ist gewiss, seine Stunde ungewiss» und «Warnung vor dem Hund».

Youtube

Als sich Papst Benedikt Anfang 2009 entschloss, sich nun auch via Youtube an die Menschen zu wenden, hieß es, er spende nun seinen päpstlichen Segen «youbi et tubi» – also die rituelle lateinische Wendung «urbi et orbi», «der Stadt und dem Erdkreis», variierend (im Fernsehen übrigens, Erstes Programm, wurde «urbi et orbi» in der Tagesschau einmal sehr irrtümlich mit «der Stadt und dem Landkreis» übersetzt).

Martini

Ein lateinkundiger Pedant in einem Lokal bestellt vor dem Essen einen Martini. Er sagt zum Kellner: «Einen Martinus, bitte!» – «Sie meinen Martini?», fragt der Kellner. – Darauf der Lateinkenner: «Also, hören Sie mal, wenn ich zwei will, sag ich's Ihnen dann schon!»

Severitas

Der große Kirchenlehrer Tertullian, gestorben um 220, definiert (und dies ist ein Wortwitz, zumindest ist es ein – eher ernstes – Wortspiel) das lateinische Wort *severitas*, «Strenge», so: «Est enim severitas quasi saeva veritas», «Die Strenge ist nämlich etwas wie eine wütende Wahrheit.»

Ugano-Bong

Zwei Völkerkundler, die sich bereits kennen, treffen sich in der Südsee auf einer entlegenen Insel. Der neu hinzugekommene, der gerade von einer anderen Insel kommt, sieht den Kollegen in lebhaftem Gespräch mit einer Gruppe Eingeborener. Er geht auf ihn zu und fragt ihn, was er bisher herausbekommen habe von der Sprache dieser Menschen. Der andere sagt: «Ja, ich habe eben jetzt etwas Merkwürdiges und Interessantes herausgefunden. Die haben für das Meer und die Palme dasselbe Wort, nämlich *Ugano-Bong*.» Er führt ihm dies sogleich vor, zeigt auf das Meer hinaus, und die Leute sagen: «Ugano-Bong!» Dann zeigt er auf eine Palme und erhält wieder die Antwort: «Ugano-Bong!» «Ja», sagt sein Kollege, «erstaunlich. Aber nun sag ich Ihnen, was dieses Wort auf *meiner* Insel bedeutet. Da heißt *Ugano-Bong* ‹Zeigegefinger›.»

Phantasiesprache

Se bella giu satore,
je nostro so cafore
je nostro si cavore,
je la tula tila twa.

Verse, in einer Phantasiesprache, von Charlie Chaplin. In der entsprechenden Rolle in dem späten Film «Limelight» hatte der Clown, den Chaplin hier spielt, sich den von ihm zu singenden Text auf seine Manschetten geschrieben. Diese rutschten ihm aber gleich bei seinem Auftritt zu Boden – da rettete er sich, mit größtem Erfolg bei den Zuschauern, mit diesen irgendwie italienisch klingenden Versen, die natürlich nichts bedeuten, die er aber so sang, dass man meinte, er habe da etwas zugleich Lustiges und Wichtiges gesagt. Das letzte Wort, also *twa* mit sehr in die Länge gezogenem *a*, klingt natürlich gar nicht mehr italienisch, was zu dem Witz ebenfalls beiträgt.

Sprachwissenschaftliches

Zwei Witze nur für Sprachwissenschaftler

Doppelte Verneinung

Der berühmte Oxforder Philosoph John Langshaw Austin (1911–1960), der stark an der Sprache interessiert und auch für die Sprachwissenschaft wichtig wurde («How to do things with words», 1962), sprach einmal in einem Vortrag an der Columbia-Universität in New York unter anderem auch über die doppelte Verneinung und legte dar, dass diese in verschiedenen Sprachen eine verschiedene Bedeutung habe (was etwa für das Spanische und das Französische zutrifft): «In einigen Sprachen ist die doppelte Verneinung eine Bejahung. In anderen ist sie eine Verstärkung der Verneinung. Es gibt aber interessanterweise keine Sprache, in der eine doppelte Bejahung zur Verneinung wird.» Als Austin dies, natürlich in schönstem britischen Englisch, gesagt hatte, hörte man deutlich die Stimme des Philosophen Sidney Morgenbesser, der mit starkem New Yorker Akzent kommentierte: «Yeah, Yeah». Dies ist nun wirklich schlagend, weil gerade in diesem Fall die doppelte Bejahung etwas wie eine Verneinung ist – psychologisch gesehen, denn das Logische und das Psychologische gehen hier, wie auch sonst nicht selten und gerade auch in der Sprache, auseinander. Morgenbesser stimmt dem Gesagten gleichzeitg zu, und gerade damit widerlegt er es auch. Diese schöne und lehrreiche Geschichte findet sich in dem Buch des Mathematikers Christian Hesse «Was Einstein seinem Papagei erzählte. Die besten Witze aus der Wissenschaft» (München 2013).

**Zeichen und Schwäne von
Pertinent de Chaussure**

Diese spannende sprachwissenschaftliche (oder soll ich sagen sprachwitzenschaftliche) Erzählung hat der Sprachwissenschaftler Georges Kleiber nur für Sprachwissenschaftler geschrieben und nur für solche, die des Französischen kundig sind (dies gilt nun wirklich nicht mehr für alle, vor allem nicht für die von Haus aus beharrlich monoglotten aus den englischsprachigen Ländern). Übrigens hat der humorige, in Straßburg wirkende Georges Kleiber, ein großer Semantiker des Lexikons und der Grammatik, diese kostbare Erzählung eigens für mich ersonnen – chapeau, mon cher collègue, et un grand merci! Also:

Du côté de chez Swan(n) ou Histoire de signes
(Petite histoire multi-versionnelle homonymique et suisse tirée de *Le chant du signe*)

Première version: version «sémiotique standard»
Sur un lac, eux cygnes, l'un se retourne et fait à l'autre un petit signe.
Le lecteur aura reconnu le lac de Genève, aussi appelé par les linguistes le lac des signes.

Deuxième version: version «hard semiotics»
Sur un lac, deux cygnes, l'un se retourne et fait à l'autre un petit cygne.
Il s'agit toujours du lac de Genève.

Troisième version: version «sémiologie active»
Sur un lac, deux signes, l'un se retourne et fait à l'autre un petit signe.
Il s'agit encore du lac de Genève, mais par beau temps.

Quatrième version: version «sémantique des mondes possibles»
Sur un lac, deux signes, l'un se retourne et fait à l'autre un petit cygne.
Il s'agit cette fois-ci du lac Léman, mais également par temps favorable.

Morale de l'histoire ou comment définir l'homonymie: *Un signe peut en cacher un autre ... et réciproquement.*

cygné: *Pertinent de Chaussure*

Zur Erläuterung (für sich eventuell doch einstellende nicht-sprachwissenschaftliche Leserinnen und Leser)

Zunächst – dies weiß man auch *außerhalb* der Sprachwissenschaft, oder umgekehrt, viele Sprachwissenschaftler wissen es nicht – «Du côté de chez Swann» ist der Titel des ersten Bands von Marcel Prousts «A la recherche du temps perdu», der vor genau hundert Jahren erschien. Dann «Le chant du signe», homonym zu «Le chant du cygne», mag anspielen auf Schuberts Liedersammlung «Schwanengesang», seine letzte Komposition, die daher, nach seinem Tod, diesen Titel erhielt, denn *Schwanengesang* ist eine feste Wendung, dann die Tschaikowsky-«Schwanensee»-Anspielung: «Lac des Cygnes» wiederum homonym, natürlich, zu «Lac des Signes».

Sodann: Der letzte Satz, «Ein Zeichen kann ein anderes verdecken», spielt auf ein in Frankreich häufiges Warnschild an: «Un train en peut cacher un autre», «Ein Zug kann einen anderen verdecken», und dieser andere, daher die Warnung, kann einen dann erledigen. Seltsam übrigens, dass man bei uns ohne diesen Hinweis auskommt.

Mit «et réciproquement» wird in Frankreich traditionell und gar nicht unwitzig speziell Hegel, aber auch, allgemeiner, eine gewisse speziell deutsche kompakte Art zu denken persifliert. Der entsprechende, hübsche und nun in seiner Art sehr französiche Satz lautet: «Alles ist in allem – und umgekehrt», «Tout est dans tout – et réciproquement».

Schließlich: «Pertinent de Chaussure» – dieser Name verdeckt sehr sichtbar den des großen Genfer Sprachwissenschaftlers Ferdinand de Saussure. Eigentlich war dieser «allgemeine» Sprachwissenschaftler, wie man ihn heute *außerhalb* der Indogermanistik kennt, tatsächlich ein *Indogermanist*, und auch als solcher war er sehr bedeutend. Nach seinem frühen Tod jedoch (er starb mit sechsundfünfzig) brachten im Jahr 1916, mitten im ersten Weltkrieg (aber die Schweiz war ja neutral), einige seiner Schüler den «Cours de linguistique générale» heraus, seine «Vorlesungen zur allgemeinen Sprachwissenschaft», wobei sehr offen bleibt, inwieweit dieses Buch dem von Saussure in seinen Vorlesungen tatsächlich Vorgetragenen entspricht. Denn diese Schüler brachten sie eigentlich nicht heraus, sondern schrieben sie, sich an ihnen orietierend, selbst (vgl. hierzu Ludwig Jäger, «Ferdinand de Saussure. Zur Einführung», Hamburg 2010). Eigentlich ist es ja ein Alptraum für einen Professor, dass nach seinem Ende einige seiner Hörerinnen und Hörer aus ihren Aufschrieben ein *Buch* oder vielmehr *sein* Buch machen. Vielleicht stellen auch daher heutzutage immer mehr Kollegen ihre Vorlesungen ins Netz, was aber auch seine Tücken hat. Jedenfalls begründete jenes wichtige, aber schmale Buch, der «Cours» von Saussure, so wie es nun einmal herauskam, den *Strukturalismus* in der Sprachwissenschaft und mittelbar dann auch den Strukturalismus in anderen Fächern, zum Beispiel in der Anthropologie (der bedeutendste Vertreter ist dort Claude Levi-Strauss).

Man kann auch sagen, dass mit diesem Buch, obwohl dies nun schon fast hundert Jahre her ist, die «moderne» Sprachwissenschaft begann, denn es markierte gegenüber der vorausgehenden machtvollen Schule, den sogenannten «Junggrammatikern», einen wirklichen Bruch. Zumindest brachte es ihnen gegenüber etwas Neues: die «synchronische» Sprachuntersuchung, die sich dafür interessiert, wie eine Sprache zu einem gewissen Zeitpunkt – und in der Regel in der jeweiligen Gegenwart – *ist,* und nicht nur dafür, wie sie *wurde,* was sie ist, *also historisch* oder (es ist dasselbe) «diachronisch». Aktuell ist der «Cours» in gewisser Weise noch immer, oder besser: er ist *wieder* aktuell, denn das «synchronische» Interesse an der Sprache hat sich in den letzten Jahrzehnten seltsam verflüchtigt. Sehr zu Recht brachte eben mein Freund Peter Wunderli eine neue (die zweite) Übersetzung des Buchs ins Deutsche in einer zweisprachigen Ausgabe heraus (mit einer Einleitung und einem Kommentar).

Fast zwanzig Jahre nach Saussure, aber nicht unabhängig von ihm, wurde in den USA die strukturalistische Sprachwissenschaft zum zweiten Mal und dann in der Tat auf ziemlich andere Weise begründet – durch den in Chicago, danach in Yale lehrenden Leonard Bloomfield, der in seinem großen Buch «Language» (1933) Saussure denn auch flüchtig, allzu flüchtig, zitiert; zuvor, 1924, hatte er den «Cours» rezensiert – er kannte ihn also genau.

Übrigens war, bis Saussure kam, die Sprachwissenschaft von Jacob Grimm an, mit dem sie 1816, genau hundert Jahre vor dem «Cours», begonnen hatte, eine nahezu ausschließlich deutschsprachige Wissenschaft gewesen. Damals ging es, was jetzt üblich und auch nicht zu kritisieren ist, ganz und gar nicht, sprachwissenschaftlich zu forschen, ohne deutsch Geschriebenes lesen zu können. Tempi passati, veramente passati! Insofern ist es nicht erstaunlich, dass sowohl Saussure als auch Bloomfield – wie auch viele andere, die anderswoher, zum Beispiel aus Russland, kamen – tatsächlich in Deutschland studiert hatten, und dort übrigens speziell in *Leipzig,* dem

Mekka seinerzeit der Sprachwissenschaft. Manche sagen sogar, Saussures «Cours» sei auch deshalb so erfolgreich gewesen, weil man da aufatmend sagen konnte: ‹Endlich einmal kein Deutscher!›

Für den – also von Saussure ausgehenden – Strukturalismus ist nun der Begriff «pertinent» zentral: Im Deutschen muss man ihn mit «relevant» wiedergeben oder, genauer (und auch aktueller), mit «systemrelevant» – es gibt in einer Sprache, so darf oder muss man es sehen, system*relevante* und system*irrelevante* Elemente. Daher also: «Pertinent de Chaussure».

Chaussure schließlich, was ja ‹Schuh› bedeutet, ist, nicht anders als *Pertinent* für *Ferdinand*, ein auf dem puren Anklang beruhender Sprachwitz, ein Kalauer, den jeder, der Französisch als Muttersprache spricht, als vorzüglich beurteilen wird (hierzu im Nachwort, S. 184–186). Es kommt aber hinzu, dass, was man in Frankreich durchaus weiß (und viele Witze belegen es), in einer bestimmten Gegend des Lands, in der Auvergne, also im tiefen Zentrum, das s tatsächlich wie ch gesprochen wird: da wird *Saussure* also ganz «normal» zu *Chaussure* oder gar *Chauchure*. Hierher gehört die Geschichte mit der Touristin aus Israel, die sich in jenem schönen Landstrich bewegt: sie begrüßt dort einen Einheimischen mit «Shalom!» und erhält von ihm die überraschende, aber schließlich konsequente Antwort «Chale femme!»

In Genf, in Saussures Heimatstadt, steht ein großes Saussure-Denkmal – es gilt aber nicht ihm, *unserem* Saussure, sondern einem seiner *Vorfahren*, dem Physiker und Naturforscher Horace Bénédict de Saussure, der im Jahr 1787 als zweiter den Montblanc bestieg und zwar mit einer kleinen Forschungsgruppe, also wissenschaftlich und ohne irgend sportlichen Ehrgeiz. Dieser Saussure, Horace Bénédict, erschien sogar auf den Schweizer Banknoten (auf denen jedenfalls, die zwischen

1976 und 1980 auf den Markt kamen). Nun, da muss unser Saussure nicht unbedingt auch erscheinen! Längst aber wäre in Genf (qu'on me permette de faire ici ce petit signe) auch für diesen, den wahrlich ebenfalls nicht unbedeutenden *Ferdinand*, ein Denkmal fällig – zumindest ein kleineres. Gerade in *dieser* Stadt müssten die Mittel dafür aufzutreiben sein! Und vielleicht würde in diesem Fall nicht einmal Jean Ziegler widersprechen. Möglicherweise aber gibt es dort etwas Vergleichbares schon, zumindest die Benennung einer wichtigeren Straße oder eines größeren Platzes nach ihm. Dann könnte man mir von Genf aus mit einer schönen französischen Wendung zurufen: «Sie predigen einem bereits Überzeugten!», «Vous prêchez à un converti!»

Nachwort

1. Sprachwitze – eine besondere Art von Witzen

«*Neue* Sprachwitze» heißt es im Untertitel, denn dies ist meine zweite Sammlung solcher Witze. Die erste erschien 2006 und hatte als Titel «Das ist bei uns nicht Ouzo». Der Sprachwitz darin bezog sich auf einen Griechen in Deutschland, der in einer Sparkasse den Wunsch äußert, «ein Gyros-Konto» zu eröffnen, und dann diese Antwort erhält.

Nun aber: Was ist ein Sprachwitz? Er liegt vor, wenn der Witz auf Sprache beruht, also der Sprache selbst entnimmt, was an ihm witzig ist, wenn er mit ihren Mitteln «arbeitet»: Solche Witze sind Sprachwitze im engen und eigentlichen Sinn. Ich habe aber auch solche Witze aufgenommen, die sich einfach auf Sprachliches beziehen, Witze also, deren *Gegenstand* etwas Sprachliches ist: Auch sie darf man in einem weiteren Sinn Sprachwitze nennen.

Nehmen wir die Geschichte von jenem Sachsen, der zufrieden berichtet, er und seine Frau seien, was die Namen ihrer Kinder angeht, ganz methodisch vorgegangen: Sie hätten sie nämlich alle, es waren lauter Jungen, strikt nach dem Alphabet genannt. Der Mann erläutert: «Also dan arschten, dan hommer *Arnst* gehaaßen, dann gam dor *Beder*, un dann gamen, kurz nochenanner, dor *Cacharias*, dor *Deodor* un dor *Edibus*, schließlich, drei Jahre späder, dor *Filipp*, ja, un dann, beim letzten, beim siemten, do, muss'ch sog'n, hommer en Fahler gemacht, dan hommer *Ginder* gehaaßen – jo, und wemmer itze ruff'n ‹Ginder›, do kummese alle, egal wer!» Hier also sind für den Sprachwitz *beide* Kennzeichen gegeben: Der Gegenstand des Witzes ist etwas Sprachliches – die Namen und ein Dialekt; in diesem Fall einer, der von vorneherein humoristische

Assoziationen weckt. *Ein* schöner Nebeneffekt der Wende von 1989 war ja auch, dass das Sächsische nun wieder überall in Deutschland präsent ist. Denn im Westen war es uns entschwunden, nur noch gegenwärtig in Geschichten, die unsere Eltern erzählten (den Alphabetwitz kenne ich noch von meinem Vater). Übrigens beziehe ich mich hier auf die erzgebirgische Variante des Sächsischen, das ja keineswegs einheitlich ist. Sodann beruht dieser Witz auf den speziellen Abweichungen gerade *dieses* Dialekts von der Standardsprache: er arbeitet geradezu mit ihnen, es ist seine Technik. Er ist also auch ein Sprachwitz im engeren Sinn. Da geht es zum Teil um Fehler, die durch das Sächsische bedingt sind, etwa bei *Arnst* und *Beder*, dann aber auch um solche, die auf Unbildung beruhen, etwa bei *Cacharias* und *Filipp*; bei *Edibus* kommt beides zusammen. Und eine zusätzliche, auch wieder sprachliche Pointe ergibt sich daraus, dass zu *Günter*, dem einzigen Namen, der, was seinen Sitz im Alphabet angeht, korrekt ist, bedauernd festgestellt wird, man habe da einen Fehler gemacht. Und der Fehler wird ja auch gleich praktisch belegt: der zu Missverständnissen führende Gleichklang von *Günter* und *Kinder*, die in der Tat im Sächsischen genau gleich gesprochen werden können.

Der klassische Sprachwitz, natürlich, ist der *Kalauer*. Und zwar der Kalauer im *strengen* Sinn, der auf einem zufälligen Gleichklang beruht, aus dem plötzlich ein Sinn hervortritt, der auch ein Unsinn sein kann, und dann liegt der Sinn im Unsinn. Ein Beispiel – und bleiben wir dabei beim Sächsischen. Es handelt sich um einen der zahllosen Unterschied-Witze, und hier konkret geht es um die Frage nach dem Unterschied zwischen einem Teekessel und Verdis Oper «Otello». Die Antwort, wie zumeist bei diesen Witzen nicht erratbar, lautet: «Nu, im Deegessel siedet der Dee, im Odello dedet er sie». Also wird «siedet der Dee», auf dem Weg eines Tauschs in der Reihenfolge der Silben, durch «deedet er sie» ersetzt. Natürlich ist dies albern. Aber zuweilen – es kommt auf die Personen und die Umstände an – kann man dergleichen doch lustig finden. Die Leute sind da sehr verschieden – es gibt hierfür ausgesprochen anfällige Personen und solche, die dies gar nicht sind. Es kommt auch vor, dass man, wie die schöne Wendung lautet, «unter seinem Niveau» lacht (oder lachen muss). Und dann gibt es auch anfällige Umstände, solche also, in denen man anfälliger ist als sonst. Manchmal findet man so etwas wie «deedet er sie» reichlich doof, und manchmal lacht man trotzdem darüber. Und wenn man schon einmal beim Lachen ist und besonders, wenn man sich in größerer Gesellschaft befindet, lacht man über manches, das einen sonst kaum zum Lachen brächte. Lachen ist ja auch ungeheuer ansteckend und überhaupt etwas Soziales. Ein Komiker, der, nach seinem sehr erfolgreichen Auftritt eben den tobenden Saal verlassen hatte, sagte hinter dem Vorhang zu jemandem: «Also jetzt könnte ich rausgehen und irgendetwas sagen, wirklich *irgendetwas* – die Leute würden noch einmal losbrüllen!» Übrigens muss es ein schönes Gefühl sein, ein Publikum bis zu diesem Punkt gebracht zu haben.

2. Das Wortspiel: ein guter Oberbegriff

Der Sprachwitz ist also eine besondere Art von Witz. So kann man es sehen, und diese Sicht ist ja schon im Ausdruck *Sprachwitz* gegeben. Eigentlich aber, meine ich, müsste man von einer anderen Seite herangehen, nämlich vom Begriff des Wortspiels. Oder genauer: «Wortspiel» wäre der wirklich passende *Oberbegriff* für den Sprachwitz. Dann müsste man sagen, der Sprachwitz sei ein *lustiges* oder lustig *gemeintes Wortspiel*. Denn nicht alle Wortspiele sind lustig, nicht alle wollen es sein. Es gibt gelegentlich auch ernste. Zum Beispiel, um nicht irgendetwas zu nennen, ist das, was Jesus mit großem Ernst zu Petrus sagt, ohne Zweifel ein Wortspiel: «Du bist Petrus, und auf diesen Felsen werde ich meine Kirche bauen...» (Matthäus 16,18): Der Petrus genannte Jünger heißt ja von Haus aus *Simon Bar Jona* (Simon, Sohn des Jona), Jesus aber gibt ihm in seiner Sprache, also im Aramäischen, den Übernamen *Kephas*, ein Wort, das Fels bedeutet; daraus wird dann griechisch *Petros*, nach dem griechischen Wort *petra* «Fels», und lateinisch ergibt dies *Petrus* (vgl. hierzu auch Johannes 1,42). Ein Wortspiel ist es auch, wenn Jesus zu Simon, also zu Petrus, und dessen Bruder Andreas, den beiden Fischern am See Genezareth, sagt: «Ich werde euch zu Menschenfischern machen» (Markus 1,17) – es ist ein Wortspiel und eine Metapher. Auf den ursprünglichen Petrus-Namen, auf *Simon Bar Jona*, bezieht sich der Sprachwitz auf S. 62.

Ich nenne ein weiteres Beispiel. Ein bedeutsames Wortspiel findet sich in Thomas Manns spätem Roman «Die Bekenntnisse des Hochstaplers Felix Krull» (3. Buch, 5. Kapitel) mit den beiden Wörtern *Lust* und *Last* – sie bezeichnen ja etwas deutlich Verschiedenes, eigentlich etwas Gegensätzliches, lautlich aber unterscheiden sie sich lediglich durch die Verschiedenheit des Vokals. Der Text-Zusammenhang, in dem beide – und nun gerade auch inhaltlich – eng zusammengebracht werden, ist der an den Humbug-Marquis de Venosta, alias Krull, gerichtete Bericht des Professors Kuckuck, eines Paläontologen, mit dem Krull zufällig während einer Bahnreise im Speisewagen zusammenkommt, und Kuckuck berichtet von nichts Geringerem als von der Entstehung des Seins, der des Lebens und der des Menschen. «Haben Sie je von der Urzeugung gehört?», fragt er, und präzisiert sogleich, es habe nicht *eine*, sondern *drei* Urzeugungen gegeben: «Das Entspringen des Seins aus dem Nichts, die Erweckung des Lebens aus dem Sein und die Geburt des Menschen». Und dann redet er irgendwann – und da beginnt das Spiel mit den beiden Wörtern – von der Erde, deren «Lust und Last es sei, sich mit der Geschwindigkeit von Tausend Meilen die Stunde um ihre Achse zu wälzen», und kommt schließlich auf den Menschen. Diesen zeichne es aus «vor aller anderen Natur, der organischen und dem bloßen Sein», dass er das Wissen habe von Anfang und Ende. Und dann diese beiden Gedanken: nur das Vergängliche, erstens, sei der Sympathie wert, eben dasjenige also, das einen Anfang habe und ein Ende, und dann sei, zweitens, alles, «das ganze kosmische Sein beseelt von Vergänglichkeit, und ewig, unbeseelt darum und unwert der Sympathie, sei nur das Nichts, aus dem es hervorgerufen worden zu seiner Lust und Last. Sein sei nicht Wohlsein; es sei Lust und Last, und alles raumzeitliche Sein, alle Materie habe teil, sei es auch im tiefsten Schlummer nur, an dieser Lust, dieser Last, an der Empfindung, welche den Menschen, den Träger der wachsten Empfindung, zur Allsympathie lade.» Und da das Gespräch mit diesem gewichtigen Wort endet und es nun zur Nachtruhe geht, fordert er seinen Gesprächspartner auf zu träumen und kommt dabei ein letztes Mal auf Lust und Last: «Träumen Sie vom Sein und vom Leben! Träumen Sie vom Getümmel der Milchstraßen, die, da sie sind, mit Lust die Last ihres Daseins tragen!» Und nun haben wir als Leser unwillkürlich das Gefühl, diese Wörter gehörten, gerade wegen ihrer lautlichen Nähe, die der Autor hier instrumentalisiert hat, durchaus auch inhaltlich aufs engste zusammen. Es ist aber eine Instrumentalisierung, die dann auch wieder ironisch gebrochen ist, weil der Autor sie ja nur, formal zumindest, dem von ihm erdachten Professor unterschiebt. Er selbst steht nicht unbedingt hinter ihr...

Der Begriff «Wortspiel» ist auch deshalb besonders passend, weil er das Spielende, das Spielerische hervorhebt. Er geht ja von diesem aus. Und dieses Element gehört fest zu unserem Verhältnis zur Sprache, und in den Sprachwitzen und besonders in den Kalauern tritt es hervor. Diese Möglichkeit von Spiel ist in unserem Bewusstsein von unserer Sprache immer präsent. Sie gehört zur Sprache selbst. Bewusstsein ist, wenn es um Sprache geht, überhaupt ein wichtiges Stichwort, also das *Sprachbewusstsein*. Die Bedeutung des Sprachbewusstseins hat sich die Sprachwissenschaft und übrigens gerade auch die neueste noch keineswegs klargemacht. Sehr weithin betrachtet sie – jedenfalls *faktisch* – Sprache und Sprechen als etwas mehr oder weniger bewusstlos vor sich hin Funktionierendes. Zwar würden die betreffenden Sprachwissenschaftler dies bestreiten. Es ist aber so. Vom Sprachbewusstsein wollen sie kaum etwas wissen, sie betrachten es als unerheblich. Doch zurück nun, definitiv, zum Wortspiel!

Eine Sprache ist neben allem anderen, was sie ohne Zweifel ist, – also Mittel des Austauschs, der Verständigung untereinander, der Ermöglichung von Mitmenschlichkeit, der Verständigung aber auch und vor allem über die Dinge, somit auch Mittel der Welterschließung – ein unerschöpflicher Anlass zum *Spiel* mit ihr selbst. Und biographisch ist dieses Spiel ja schon sehr früh zur Stelle: schon ziemlich kleine Kinder reagieren darauf, schon während sie die Sprache noch erlernen. Zunächst machen Wortspiele ihnen Spaß, vor allem wenn noch zusätzlich etwas hinzukommt (etwa: «Sind die Poffer schon gekackt?»), und bald machen sie selber welche, oder sie sagen Dinge, die sprachlich für die Erwachsenen lustig sind, und deren Lachen darüber – und es ist in diesem Fall ja alles andere als hämisch – *verstärkt* dann wieder ihre Lust an solchem Spiel. Genau hier knüpft unbewusst der Kalauer an – er ist eine Art Rückkehr zum Kindlichen oder Kindischen, eine «infantile Regression» (Sigmund Freud). Und diese Regression fällt Erwachsenen umso leichter, als auch in ihnen dieses Kindliche nie ganz verschwunden ist und, sehr bekanntlich, im Alter oft noch ungehinderter als zuvor erscheint ... Lange vor Freud hatten die Franzosen da ein gutes Sprichwort: «Kratzt am Menschen, und ihr findet das Kind!», «Grattez l'homme et vous trouverez l'enfant!» Möglicherweise – *homme* heißt ja Mensch *und* Mann – dachte man da eher an Mann als an Mensch. Wir sprechen ja auch im Deutschen (es ist kein Sprichwort, aber eine feste Wendung) vom «Kind im Manne» und nicht vom «Kind im Menschen».

Halten wir hier im Vorübergehen fest, dass dies ein Pluspunkt des Deutschen ist: Wir haben in unserer Sprache *zwei* Wörter, *Mensch* und *Mann*, und nicht nur *eines* für beides, wie dies etwa im Englischen und in den romanischen Sprachen ist (*man, homme, uomo, hombre* usw.). Gerhard Polt lässt eine seiner Figuren, einen Mann, von einer Reise nach Australien berichten, dort, legt dieser Mann dar, seien sie auch mit «Man-Eaters» zusammengebracht worden, und der Mann erläutert dann, eigentlich sei dieser Begriff ja «missverständlich», «denn sie essen ja Frauen auch». Also war ihm (Polt unterstellt da mangelnde Englischkenntnisse) nicht klar, dass im englischen Wort *man* anders als im deutschen *Mann* Frauen einbezogen sind. Keine Spur somit, im Englischen, von Missverständlichkeit.

Spiel also ist das entscheidende Stichwort. «Der Mensch», sagt Friedrich Schiller und geht dabei weit, «spielt nur, wo er in voller Bedeutung des Wortes Mensch ist, und er ist nur da ganz Mensch, wo er spielt» («Über die ästhetische Erziehung des Menschen»). Bei dem Spiel, das uns *hier* interessiert, dem Spiel in und mit der Sprache, wird besonders mit *Wörtern* gespielt. Auch deshalb passt der Ausdruck Wortspiel so gut (leider ist der Ausdruck *Sprachspiel*, den wir in diesem Zusammenhang ebenfalls gut brauchen könnten, durch den Philosophen Ludwig Wittgenstein definitiv besetzt – er meinte damit etwas anderes und keineswegs etwas vor allem Lustiges). Faktisch ist der Sprachwitz zuallermeist ein *Wortwitz*. Ich möchte aber schon deshalb beim Begriff Sprachwitz bleiben, weil ich dann auch Witze einbeziehen kann, deren *Gegenstand* etwas Sprachliches ist.

Ein Spiel also mit *Wörtern* – mit *Wörtern*, nicht mit *Worten*. Hierzu ein knapper und (pardon!) etwas belehrender Einschub. Unser deutsches Wort *Wort* hat ja zwei verschiedene Pluralformen, die auch etwas Verschiedenes bedeuten, und dies ist eine Besonderheit gegenüber dem Englischen, auch gegenüber dem Französischen und den anderen romanischen Sprachen: *Wörter* ist der Plural, wenn *einzelne* Wörter gemeint sind, *Worte* der Plural, wenn mit *Wort* eigentlich ein Satz, ein Ausspruch gemeint ist, so wie wenn man sagt: «ein Wort von Goethe». Die beiden Bedeutungen, die im Singular vereint sind, gehen im Plural auseinander. Aber unsere Sprache ist hier, wie so oft und wie andere Sprachen auch, nicht konsequent: man müsste dann auch *Sprichworte* sagen, weil es da ja nicht um einzelne Wörter geht. Aber der Plural von *Sprichwort* ist *Sprichwörter*. Jedoch wird oft ‹Worte› gesagt, wenn eigentlich Wörter gemeint sind, und dies ist nicht falsch, denn ganz genau ist es so, dass man, wenn Wörter gemeint sind, schon auch *Worte* sagen kann – umgekehrt aber keinesfalls. Wenn jemand oft mit Goethezitaten um sich wirft, kann man wirklich nicht sagen, er zitiere ständig «Wörter von Goethe», und in Joseph Haydns Stück «Die sieben letzten Worte des Erlösers» ginge *Wörter* nun ganz und gar nicht.

Übrigens ist das mit dem «Wortspiel», was die Sprachbetrachtung angeht, eine sehr alte Sache. Da stimmt wieder einmal die Wendung ‹schon die alten Griechen›. In der Rhetorik, die ja von diesen ausging und zwar bereits im 5. Jahrhundert vor Christus, lautete der entsprechende Begriff «paronomasía» (im Lateinischen später dann «adnominatio»). Darunter verstand man eine bestimmte ernste oder auch heiter-lustige Redefigur, in welcher die Sprache selbst benutzt wird, also auf sie selbst rekurriert wird: eine Figur, bei der es zur Herstellung der Wirkung gleichzeitig um die Bedeutung und den Klang, die Lautung, von Wörtern ging. Inhaltlich ist so etwas eine Art Berufung auf die Sprache als auf etwas Objektives, das den (natürlich täuschenden) Eindruck vermittelt: ja, wenn das in der Sprache selbst so angelegt ist, dann muss es doch auch tatsächlich so sein. So etwas gehört natürlich in die Rhetorik als Kunst der Überredung oder, wie die Formel der frühen Rhetoriker hieß, der «Herstellung von Überzeugung»: Überzeugung ist also etwas, das in den Köpfen anderer mit sozusagen handwerklicher Kunst hergestellt werden kann. Genau so, in dieser Radikalität, wurde Rhetorik aufgefasst. Und so kann sie noch immer aufgefasst werden. Was aber jene Berufung auf die Sprache selbst angeht, so gilt sie rein formal gesehen – nur eben nun ganz offen als bloßer Scherz – auch für die Redefigur, die man «Kalauer» nennt und die aus identischem oder auch bloß ähnlichem Klang von Wörtern ihren in der Regel mehr oder weniger infantil albernen Witz hervorholt: «Eine Kuh macht ‹muh›, viele Kühe machen Mühe». Zwei Wörter: *muh* und *Mühe*, und die Grammatik, hier die sogenannte «starke Pluralbildung» mit Umlaut, wird in diesem Fall zusätzlich und witzig beansprucht.

Ich will übrigens in diesem Nachwort darauf verzichten, die im engeren Sinn *sprachliche* Technik der Sprachwitze zu erläutern. Es interessiert mich durchaus, aber da müsste man ganz unvermeidlich im Sinne der Sprachwissenschaft – mit Metapher, Metonymie, Polysemie, Homonymie, Metathese usw. – sehr fachlich und auch umständlich werden, und damit will ich dieses Buch nicht beschweren, auch nicht dieses Nachwort. Es wäre *hier* ein Exzess. Gute, klar in diese Richtung gehende Hinweise kann man in der Witz-Sammlung meiner Freunde Wulf Koch, Thomas Krefeld und Wulf Oesterreicher finden, die in der Literaturliste aufgeführt ist.

3. Geringschätzung des Kalauers bei uns

Bei uns Deutschen, oder besser: uns Deutschsprachigen, denn Deutsch ist ja nicht nur die Sprache der Deutschen, steht der Kalauer intellektuell nicht hoch im Kurs. Da ist es interessant festzustellen, dass dies im Französichen, aber auch im Englischen, wo man von *puns* redet, *nicht* so ist. Im Französischen lautet das Wort für Kalauer *calembour*, und ein klassisches französisches Wörterbuch, der sogenannte «Petit Larousse», übrigens kein kleines, sondern ein recht dickes Buch, definiert dieses Wort ganz neutral, also ohne jede Abwertung so: «Wortspiel, das sich auf die Bedeutungsverschiedenheit zweier Wörter gründet, die gleich ausgesprochen werden» («Jeu de mots fondé sur la différence de sens de deux mots qui se prononcent de la même façon»). Dann wird als Beispiel etwas genannt, was uns, würde man dies im Deutschen machen, als klassischer und einigermaßen alberner Kalauer erscheinen würde: nämlich das Wort *personnalité* und die Wortgruppe *personne alitée* – im Sprechen hört man da keinerlei Unterschied (im Geschriebenen *liest* man den Unterschied), aber das eine bedeutet ‹Persönlichkeit›, das andere eine ‹Person, die (zumindest zeitweilig) ans Bett gefesselt› ist und also nur im Einzelfall auch einmal eine ‹Persönlichkeit› sein kann. Der «Duden», «Das große Wörterbuch der deutschen Sprache», definiert Kalauer so: «nicht sehr geistreicher, meist auf einem Wortspiel beruhender Witz» und nennt als Beispiel: «Gelang dem einen immerhin noch hin und wieder ein Scherzchen, so wollten dem anderen nicht einmal die Kalauer glücken». Das eigentlich wenig intelligente Beispiel (ein Zitat aus der «Zeit» vom Jahr 1975 – wenig intelligent, weil Kalauer doch immerhin schwerer zu machen sind als «Scherzchen») ist überaus typisch für die Wertung, die der Kalauer unter uns erfährt – er rangiert da noch unterhalb von «Scherzchen», gleichsam als das Letzte!

Ganz unverständlich für einen Franzosen. Und auch für Engländer stehen die *puns*, eine besondere Form des sprachspielerischen Witzes, wie auch ganz allgemein in bestimmten Situationen das «talking nonsense», hoch im Kurs: «Better to have loved a short girl than never to have loved a tall at all», oder «What is the difference between an accepted and a rejected lover? – One kisses his misses, the other misses his kisses», schließlich «Why is the Desert of Arabia the best place for a picnic? – Because of the sand which is there» – *sandwich* also muss man hier heraushören. Wenn dies kein Kalauer ist! Aber die Engländer finden dies Klasse! Im ersten Fall – «a tall at all» – kollabiert gleichsam am Ende der Satz, weil plötzlich und eigentlich ganz folgerichtig eine sinnlose Wiederholung erscheint, im zweiten – «kisses his misses» und «misses his kisses» – entsteht bloß durch Vertauschung der einleitenden Konsonanten ein Reim, gar ein Schüttelreim, und im dritten – «the sand which is there» – erscheint plötzlich ein Wort, das hier nichts zu suchen hat und auf das man erst gestoßen werden muss.

Was die Etymologie von Kalauer betrifft, so geht das Wort auf das französische *calembour* zurück, kam also ins Deutsche und wurde hier (die Sprachwissenschaft nennt so etwas eine «Volksetymologie») nach dem Namen der in der brandenburgischen Niederlausitz liegenden Stadt Calau (früher Kalau geschrieben) umgeformt: «wegen der Minderwertigkeit von Erzeugnissen (vor allem Schuhwerk), die von dieser Stadt nach Berlin geliefert wurden». Diese seltsame, aber nicht unwahrscheinliche Erklärung gibt das rundum solide «Etymologische Wörterbuch der deutschen Sprache» von Friedrich Kluge und Elmar Seebold in seiner 22. Ausgabe von 1989 (in der letzten, der 25. Auflage, 2011, ist einleuchtender von den Schustergesellen aus Calau die Rede, die solche Sprüche liebten und verbreiteten). Wirklich klar sind aber nur *calembour* und *Calau* und speziell Berlin als Ort der lautlichen Umformung von *calembour* zu *Kalauer* – «alles andere ist Spekulation» (Seebold). Der erste Beleg findet sich 1850 in der berühmten politisch satirischen Zeitschrift «Kladderadatsch» und da in der französischen Form *Caloviens* – aber den Lesern des «Kladderadatsch» war das Französische sicher nicht fremd (*Caloviens* abgeleitet von dem zu *Calovia* latinisierten Namen *Calau*). Die Herkunft des französischen *calembour*, das erst ab Ende des 18. Jahrhunderts belegt werden kann, ist bis dato ungeklärt – «origine obscure». Wichtiger: *calembour* wurde also nicht nur lautlich umgeformt, sondern auch inhaltlich umgedeutet, vom neutral aufgefassten Wortwitz im Französischen, der also gut oder schlecht sein konnte, ging es im Deutschen zum negativ bewerteten «wenig geistreichen Wortwitz», wie der «Kluge/Seebold» *Kalauer* definiert. Man könnte also auch sagen, dass das Deutsche unter *Kalauer* einen schlechten oder albernen Wortwitz versteht, was dann nicht ausschließen würde, dass es auch gute geben kann...

4. Gibt es sprachlose Witze?

Gegen den Begriff Sprachwitz ließe sich einwenden, dass *alle* Witze streng genommen Sprachwitze sind. Alle sind ja im Medium der Sprache, sie sind sprachlich verfasst, man erfährt sie über Sprache, denn sie wurden einem erzählt, oder man hat sie irgendwo gelesen; man gibt sie sprachlich weiter, *kann* sie nur so weitergeben. Es gibt den bekannten Witz mit den Freunden, die ihre Witze nummeriert haben, und wenn sie nun beieinander sitzen, genügt es, dass einer von ihnen eine Zahl sagt, und die übrigen brechen in kräftiges Lachen aus (es ist oder wäre auch eine schöne Gedächtnisleistung). Dieser Witz gehört unmittelbar hierher, weil er das mit dem sprachlichen Charakter *aller* Witze belegt – und zwar gerade als Witz, obwohl er dies gar nicht im Sinn hat: er will ja nur lustig sein. Denn nun (und damit beginnt der Witz) kommt einer zu dieser nur immer wieder durch das Aufrufen einer Zahl lachenden Gruppe hinzu, er wundert sich, fragt, und man erklärt ihm die Sache. Dann machen sie weiter mit ihren Zahlen. Schließlich wirft der Hinzugekommene auch eine in die Runde, aber ohne jedes Echo. Er versucht es noch zweimal, bis man ihm erklärt: «Ja, gut, vielen Dank, aber weißt du, du kannst sie nicht erzählen!» Der Unsinn dieses Witzes zeigt, dass es ohne Sprache nicht geht.

Witzig können natürlich auch Musikstücke sein, und heiter jedenfalls sind sehr, sehr viele von ihnen; witzig kann auch die Art sein, wie man sie spielt. Von Alfred Brendel gibt es einen schönen und zu Recht etwas unschlüssigen Essay «Gibt es eigentlich lustige Musik?». Auch ein witzig gemaltes Portrait kann man sich vorstellen, ganz abgesehen davon, dass es ja als dessen Sonderfall die Karikatur gibt. Honoré Daumiers Karikaturen etwa sind ohne Zweifel oft witzig, wenn auch auf unheimliche Art. Und natürlich kann etwas zuvor sprachlich Gegebenes, etwa eine Geschichte, auch etwa ein Witz, illustriert, also zum Bild gemacht werden, und dabei könnte man unter Umständen auch ganz auf Worte verzichten. Aber da wären wir letztlich doch wieder beim Sprachlichen als Voraussetzung. Jedenfalls: einen Witz «machen» *nur* mit Musik oder *nur* mit einem Bild oder einer Plastik kann man eigentlich nicht. Was man einen Jux oder auch einen Scherz nennt, dagegen schon, weil der nicht an Sprache gebunden ist. Aber einen Witz erzählen ohne Worte – das geht nun gar nicht.

Trotz dieser grundsätzlichen Sprachgebundenheit des Witzes, die man sehen muss, kann man aber unterscheiden zwischen *Sprachwitzen* und solchen, die dies *nicht* sind: *Sprachwitze* also und *Sachwitze*. Und die beiden Bedingungen für den Sprachwitz, die strenge und die lockere, habe ich ja genannt –

der Sprachwitz somit als eine besondere Art von Witz. Beispiele für den reinen Sachwitz ohne jeden Sprachbezug: Ein jüdischer Emigrant aus Deutschland, nun in New York lebend, besucht dort einen anderen Juden und sieht entgeistert in dessen Wohnzimmer ein Hitler-Bild: «Was soll denn das hier?» Der andere sagt: «Weißt du, das hilft mir gegen Heimweh». Es gab ja unter den deutschen Emigranten nur wenige, leider, muss man sagen, die *keine* Juden waren. Es gingen ja fast nur solche Deutsche weg, die gehen *mussten*, um ihr Leben zu retten, und zu denen gehörten auch solche, die aus politischen Gründen gingen, wie etwa der junge Willy Brandt.[1] Was nun aber die Juden anging: da sie ja vor allem Deutsche (oder Österreicher) waren, hatten sie draußen Heimweh. Da gibt es nun auch einen grimmigen Witz, einen Spruch von Erich Maria Remarque, der kein Jude war und der, wegen des enormen Erfolgs seines Romans «Im Westen nichts Neues» ziemlich reich geworden, sich schon *vor* Hitler in Ronco im Tessin mit Blick auf den Lago Maggiore niedergelassen hatte. Auf die Frage, nun nach 1933 gestellt, ob er Heimweh habe, sagte er nur: «Bin ich a Jud?» Übrigens ist schon diese Frage als Antwort etwas wie Parodie, denn solche Antwort-Fragen erscheinen in jüdischen Witzen häufig. So wie in dem Witz von dem Juden, genauer dem Ostjuden (gegen die sich die jüdischen Witze, also die von Juden gemachten, vielfach richteten), der wegen der Kosten zögert, ein Hotel zu beziehen, und der, als man

---

1 Manchmal frage ich mich, ob es auf die Deutschen, auf das sogenannte Bürgertum zumindest, damals nicht doch einen gewissen Eindruck gemacht hätte, wenn auch solche, die keineswegs hätten gehen *müssen*, in größerer Zahl das Land – und dann also gar nicht anders erklärbar – aus purem Protest verlassen hätten, jemand etwa von der Statur von Max Planck oder, in meinem Fach, der große Philologe und Romanist Ernst Robert Curtius oder auch Gerhart Hauptmann, der, im Unterschied zu Thomas Mann, nicht gehen musste. Nur so ein Gedanke.

ihm sich empfehlend sagte, man habe fließendes Wasser, entgegnete: «Bin ich a Forell?» Oder dann, ein entschieden harmloserer Sachwitz, jener Schwabe, dem es, als er sein Häusle endlich abgezahlt hatte, enttäuscht herausrutschte: «Etzt hot ma gar nix meh zom Spara!» – trotz des Dialekts, der die Sache farbiger und glaubwürdiger macht, ist dies ein reiner Sachwitz, weil er nicht auf Sprachlichem beruht, sondern auf der bekannten Freude der Schwaben am Sparen, an der «Poesie des Sparens», von der einmal ein Schwabe redete. Ein schöner Sprachwitz ist aber dann wieder, was Remarque seinem Verleger sagte, als der ihn drängte, wieder etwas zu schreiben: «Ja, ich weiß schon – und am besten nichts Neues!» Wieder nur zwei Wörter ganz leicht verändert!

Es gibt also Witze (und dies gilt für die meisten von ihnen), die *keine* Sprachwitze sind. Sprachlose Witze aber gibt es nicht. Witz und Sprache gehören zusammen.

5. Und was ist das überhaupt – ein Witz?

Was ein Witz überhaupt ist, kann man eigentlich voraussetzen. Praktisch jedenfalls, denn man kommt auch da, wie fast immer, wenn man über ein Wort, die mit ihm verbundene Vorstellung und über die Sache, auf die es zielt, nachdenkt, recht bald auf Unsicherheiten. «Nichts ist einfach», sagen die Franzosen in solchen Fällen, «rien n'est simple». Aber sehen wir einmal von solchen Schwierigkeiten ab, und stellen wir die Elemente des Witzes, wie sie sich schlicht präsentieren, zusammen.

Natürlich sollte ein Witz – *lustig* sein, was keineswegs heißt, dass er nicht einen ernsten oder traurigen Hintergrund haben kann, und dies ist ja gar nicht selten. Als Sigmund Freud im Juni 1938 nach dem Einmarsch der Deutschen, dem sogenannten «Anschluss», von Wien nach London emigrieren musste oder durfte, geschah dies, dank der hervorragenden Beziehungen seiner Freundin Marie Bonaparte, in vergleichsweise guten Formen. Zum Schluss, als alles eingepackt war, bat die Gestapo Freud, einen Text, einen Revers zu unterschreiben, demzufolge er entsprechend seinem großen Ansehen höflich behandelt worden sei. Er las, nickte und fragte, ob er noch einen Zusatz anbringen könne, und setzte dann hinzu: «Ich kann die Gestapo jedermann auf das beste empfehlen.» Da ist der ernste, ja todernste Hintergrund, und trotzdem ist dieser kurze Satz, der die Gestapo wie eine normale Umzugsspedition weiterempfiehlt, ein ganz vorzüglicher Witz des damals bereits alten und kranken Herrn; was den ernsten Hintergrund angeht: vier der fünf in Wien zurückgebliebenen Schwestern Freuds wurden ermordet…

Kein Zweifel: Witze sollten lustig sein, daher gibt es Situationen, in denen man schlechthin keine Witze machen darf, Situationen, die Lustiges einfach nicht vertragen. Und lustig heißt hier konkret, dass der Witz zu einem *Lachen* führen sollte – oder zu einem *Lächeln*. Auf diesen wichtigen Unterschied zwischen Lachen und Lächeln komme ich zurück.

Dass ein Witz lustig sein sollte, zeigt, ohne dies zu wollen, auch unsere klassische redensartliche Frage «Soll das ein Witz sein?» Es ist eine erstaunte, ja empörte Frage, und rhetorisch ist sie auch, denn man weiß schon, wenn man so fragt, dass das Gemeinte ganz und gar nicht so – als Witz – gemeint ist. Und man unterstellt: allenfalls als Witz wäre es zu rechtfertigen. Es gibt auch die rhetorische Aufforderung «Machen Sie keine Witze!», wenn jemand etwas gesagt hat, das man nicht wahrhaben will. Dann wäre die Antwort: «Doch, also das ist kein Witz, genau so war es!» Und es gibt den empörten, redensartlichen Ausruf «Das ist doch ein Witz!», womit man meint, das Vorgelegte, etwa eine Arbeit oder auch eine Äußerung, sei indiskutabel in jeder Hinsicht. Und in dieser Wendung steckt nun rein gar nichts von lustig. Sie belegt humorlos, möchte man sagen, die negative Einschätzung des Witzes durch unsere Sprache selbst, denn solche festen Wendungen – daher heißen sie ja so – gehören zur Sprache, und in ihnen hat sich etwas niedergeschlagen. Aber man muss vorsichtig sein in der Bewertung solcher ja oft eher unbewussten Einschätzungen, wie sie der Sprache inhärent sind. Man darf daraus nicht schließen, dass die Sprechenden selbst das Betreffende so einschätzen. Zum Beispiel ist in unserer Sprache die Einschätzung des Hundes überraschend negativ: «blöder Hund», «selten dämlicher Hund», «Sauhund» oder einfach, ganz ohne negative Zusätze schon sehr negativ, «So ein Hund!» Auch «auf den Hund kommen» gehört hierher. Eigentlich sagt dieser sprachliche Niederschlag gar nichts über das tatsächliche Verhältnis der Deutschen oder Deutschsprechenden zu diesem Tier, das ja bekanntlich ganz anders ist. Positiv oder halbpositiv respektvoll besetzt ist das Wort *Hund* bekanntlich nur im Bayerischen: «Also a Hund is er ja scho.»

Dann sollte der Witz mehr oder weniger kurz sein, jedenfalls nicht überlang. Er kann eine kleine Erzählung sein, und zumeist ist er dies. Es gibt aber Witze, die dies nicht, sondern extrem kurz sind – so etwa der Satz (ich hörte ihn einmal von Harald Schmidt), der sich auf ein prozentiges Getränk bezog: «Der Klügere kippt nach» (wieder der Fast-Gleichklang und der überraschend herausspringende Kalauer-Sinn). Diese sehr knappe Umformung eines Sprichworts – nur ein Laut wird kalauerig ein wenig verändert, aus stimmhaft wird stimmlos, oder volkstümlich gesagt, aus weich wird hart – ist ein vorzüglicher Sprachwitz.

Der Witz ist in diesem Witz, der ein Grenzfall ist, nur die Pointe, er *ist* die reine Pointe. Diese gehört nun ganz unabdingbar zu einem Witz – sie ist ein weiteres Merkmal. Sie sollte möglichst überraschend kommen und wie eine Keule wirken, die nach kurzer Überraschung – immer dieser bange Sekundenbruchteil für den Erzähler – das mehr oder weniger kräftige Lachen auslöst – oder das Lächeln. Und nach der Pointe sollte eigentlich nichts mehr kommen, es sei denn eine Erläuterung brächte noch einmal etwas Lustiges, etwas wie eine *zusätzliche* Pointe. Was aber *vor* der Pointe kommt, sollte einerseits kurz sein, andererseits zumindest aber so ausführlich, dass alle Elemente gebracht werden, die für die Pointe, für deren *Verständnis* nötig sind, und da darf durchaus auch ein wenig retardierend ausgemalt und geschauspielert werden.

Hierzu referiert Eike Christian Hirsch eine interessante Beobachtung des Psychologen Daniel E. Berlyne, der festhält, ein Witz müsse auch und vor allem (und nun natürlich *vor* der Pointe) etwas wie eine gewisse *Erregung* aufbauen, eine Unsicherheits-Erregung. Berlyne redet hier plastisch von einem «arousal jag», was Hirsch mit «Erregungs-Zacken» übersetzt. Dieser «Zacken» würde dann durch die Pointe, die löst und beendet, zum Verschwinden gebracht. Solch ein «Zacken» wäre zum Beispiel in dem zuvor genannten Witz mit dem Hitler-Bild im New Yorker Wohnzimmer des Emigranten – und in diesem Fall wäre es ein starker «Zacken». In der Tat gehört auch so etwas, ein «arousal», eine «Erregung», zu einem Witz. Die Pointe ist dann umso besser, je *überraschender* sie ist, sie also gleichsam auf den «Zacken» *antwortet*. Dieser Punkt ist nicht so bekannt wie die Pointe. Ist man aber einmal darauf gestoßen worden, findet man solch einen die Aufmerksamkeit steigernden «Erregungs-Zacken» in vielen Witzen. Der Psychologe Berlyne und der Theologe und Philosoph Hirsch haben hier ganz richtig gesehen, dass da neben der Pointe noch etwas ist, das nicht so auffällt und trotzdem dazugehört (auch für Arthur Koestler war dieses Element wichtig).

Was den Witz-Erzähler angeht, sollte er selbst beim Erzählen nicht lachen, sondern etwas wie ein Poker-Gesicht bewahren. Gute Erzähler tun dies von selbst. Freilich gibt es solche, die beim Erzählen so unwiderstehlich lachen, dass dieser Fehler dem Witz schließlich doch nicht schadet. Wichtiger aber: Der Witze-Erzähler sollte sich darüber im Klaren sein, dass das Erzählen von Witzen in einer Geselligkeit auch lästig sein kann. Denn es unterbricht, und der Erzähler – alle mal herhören! – beansprucht eine Art Führungsrolle. Er will Aufmerksamkeit, und diese ist auch in kleiner Geselligkeit ein knappes Gut. Aus amerikanischen Filmen kennt man die deutliche Klarstellung des Chefs, wenn dagegen verstoßen wurde: «Die Witze mache hier *ich*!» Übrigens wird man in geselligen Runden fast immer beobachten, dass, auch wenn Frauen dabei sind, die Witze-Erzähler Männer sind. Witze-Erzähler und Witze-Erzählerinnen (letztere gibt es selbstverständlich schon) können vorzüglich, sie können aber auch schrecklich sein. Witze brauchen, um nicht zu stören, sozusagen ihren Sitz im Gespräch. Es muss für sie in der Situation eine Lücke, einen *Platz* geben. Und dafür sind nun wieder, vermute ich stark, Frauen sensibler.

In einer eindrucksvollen Dichtung im alemannischen Dialekt der Stadt Konstanz fand ich eine Stelle, die einen solchen – restlos integrierten – Erzähler präzis evoziert. Dieser Mann, Egon mit Namen, ein Handwerker, ein Flaschnermeister, der auch bei der Feuerwehr war, ist gerade ganz plötzlich gestorben, und ein Kamerad erinnert sich an ihn, an eine Nacht, in der man fröhlich zechend zusammensaß und der Egon seine Witze «verzählte». Plötzlich, während der Sauferei, ertönte die Sirene, es brennt irgendwo, man rast los zum Löschen, und als dies rasch getan war, kehrte man ins Wirtshaus zurück, und es wurde einfach weiter getrunken, und da war dann erneut der Egon im Witz-Mittelpunkt:

Do hett doch koner gmerkt, dass mir alle
bsoffe gsi sind.
Di halbi Nacht hommir glescht.
Und nochher grad witergsoffe, womer
Ufgheert hond,
und de Egon hot wider sini Witz verzellt,
wosch selle Appenzellerwitz,
und jedesmool, wo er on verzellt hot, hot er
zerscht gfrooget: Soll i no on fahre loo?
Und mir gschrie: Jo!
Wie verschreckt innehaltend
Mensch de Egon!
Fährt sich mit dem Handrücken über die Augen
So oner giits koner me.[2]

Der Titel dieser schönen, bewegenden Dichtung lautet: «Ein Konstanzer Totentanz. Leichenlamento im Dialekt» (Hilzingen 1980). Der Autor, der auch als Maler arbeitet, ist der 1931 geborene Bruno Epple.

Somit: Ein Witz sollte lustig sein, eher kurz oder jedenfalls nicht allzu lang – es sei denn, er würde ganz besonders gut erzählt werden –, er sollte eine gewisse Erregung aufbauen und eine die Erregung lösende Pointe setzen; vor dieser sollte alles zu ihrem Verständnis Nötige gesagt und nur sparsam irgendetwas Zusätzliches angebracht werden; *nach* ihr sollte definitiv nichts mehr kommen – nur noch, aber dies ist bereits der Test für den Witz und den Erzähler, das mehr oder weniger laute

---

2 Zur Sicherheit übersetze ich: «Da hat doch keiner gemerkt, dass wir alle besoffen gewesen sind. / Die halbe Nacht haben wir gelöscht. / Und nachher gerade weitergesoffen, als wir / aufgehört haben, / und der Egon hat wieder seine Witze erzählt, / weißt du diese Appenzellerwitze, / und jedesmal, wenn er einen erzählt hat, hat er / zuerst gefragt: Soll ich noch einen fahren lassen? / Und wir geschrien: Ja! / Mensch der Egon! / So einen gibt's keinen mehr.»

Lachen oder das stumme und im besten Fall verständnisinnige Lächeln derer, die zugehört haben.

6. Mündlichkeit als eigentliches Element des Witzes

Zur Sprachlichkeit der Witze, *aller* Witze ein wichtiger Nachtrag: Witze sind nicht nur sprachlich verfasst, sondern nun speziell und genuin *mündlich*. Sie *brauchen* Mündlichkeit – diese ist ihr eigentliches Medium, ihr *Element*. In ihm sind sie zu Hause. Witze werden gehört und erzählt. Natürlich kann man sie aufschreiben und sammeln, wie auch ich es hier, übrigens möglichst sorgfältig, gerade auch was ihre Mündlichkeit betrifft, versucht habe. Aber aufgeschriebene, auch *gut* aufgeschriebene Witze sind ein bloß schwacher Ersatz für ihre Mündlichkeit und auch für die spezifische Form von Sprache, die zur Mündlichkeit gehört und die man *Sprechsprachlichkeit* nennt. Denn da gibt es eigentlich zwei Verschiedenheiten: die *eine* ist die Verschiedenheit des Mediums, des Kanals (akustisch oder graphisch), die *andere*, wichtigere und interessantere, ist die besondere *Form* von Sprachlichkeit, die wir jeweils im Gesprochenen und im Geschriebenen finden und von der wir alle ein unmittelbares Bewusstsein haben, etwa in dem Sinne: ja, gut, so etwas schreibt man vielleicht, aber man sagt es nicht. Oder umgekehrt: so etwas kann man schon sagen, aber schreiben kann man es eigentlich nicht. Wieder kommt das Sprachbewusstsein zum Vorschein! *Mündlichkeit* also des Witzes ist das Entscheidende. Es ist in der Tat so, wie mir ein Leser von «Das ist bei uns nicht Ouzo» schrieb: «die schriftliche Wiedergabe ist hoffnungslos». Und mit einem guten Bild setzte er hinzu: «schriftlich ist das alles wie nassgewordenes Pulver, das nicht mehr recht zünden will». Dieses Phänomen gebe es «in der ganzen Literatur nicht mehr in dieser ausgeprägten Form, nicht einmal beim Drama und auch nicht in der Lyrik» (Bernt Spiegel). Richtig, und ich stimme auch zu, wenn er sagt: «Selbst die unübertroffenen Valentin-Dialoge bleiben schriftlich irgendwie stumpf. Man muss sie bereits kennen, um ihnen beim Lesen gerecht werden zu können.» Dies gilt übrigens auch für die exzellenten und von ihm selbst ein gutes Stück weit entdialektisierten Texte von Gerhard Polt (ich hätte sie mir, in dem entsprechenden schönen Reclam-Band, dielektnäher gewünscht). Und trotzdem habe ich auch gerade Karl Valentin ausführlich zitiert. Unnötig zu sagen eigentlich, dass dieser Name auf jeden Fall «Falentin» zu sprechen ist – «Sie sagen ja auch nicht ‹Water›», pflegte er zu sagen, wenn er da ein ‹W› hörte (bürgerlich hieß er übrigens Fey, Valentin Ludwig Fey).

Die Mündlichkeit des Witzes hat auch zur Folge, dass ein Witz sogleich, also auch wenn es ein ganz neuer ist, in *Varianten* erzählt wird, die zum Teil stark voneinander abweichen – wobei sich dann die Frage stellt, welche denn vorzuziehen sei. Wenn Friedrich Torberg, der in meiner Sammlung ja auch zu Wort kommt, sich anschickte, einen Witz zu erzählen, und man ihm sagte, den kenne man schon, entgegnete er sogleich: «Also bitte, was Sie kennen, das ist die vulgäre Variante, nicht die richtige, die Sie nun von *mir* hören werden!» Schließlich ist, von einem juristischen Standpunkt aus, zu sagen, dass, wenn ich zutreffend unterrichtet bin, Witze in keiner Weise geschützt sind. Dies wäre nun geradezu die rechtliche Anerkennung ihrer primären Mündlichkeit mit allem, was dazugehört, wie zum Beispiel ihre bewegliche Form. Auch ich habe hier vieles ohne Anführungszeichen einfach übernommen und dabei auch oft die vorgefundene Form verändert – nicht um die Übernahme zu kaschieren, sondern weil sie mir nicht recht gefiel. Denn, wie eine französische Redensart nicht unwitzig sagt: «Meine Meinung ist es, die ich teile», «C'est mon opinon que je partage». So ist eine Witzsammlung rechtlich das ziemlich genaue Gegenteil einer Doktorarbeit... Für dieses Nachwort gilt dies aber schon wieder nicht mehr ganz. Ja, und Eike Christian Hirsch bemängelt zu Recht, dass so Viele über Witze, Witztechnik und so weiter schreiben, ohne zur Kenntnis genommen zu haben, was darüber bereits geschrieben worden ist. Nun, einiges habe ich auch gelesen, vor allem aber das vorzügliche und hier sehr einschlägige Buch «Der Witzableiter oder Schule des Lachens» von Eike Christian Hirsch. Und das drastisch plastische Adjektiv *einschlägig* kam mir immer für ein Buch sehr passend vor.

7. Zum Unterschied zwischen Lachen und Lächeln

Eigentlich müsste die Reihenfolge umgekehrt sein. Denn das Lächeln ist nicht, wie uns unsere Sprache suggeriert, ein kleines, ein reduziertes Lachen. Das Wort *lächeln* ist ja, rein sprachlich gesehen, wie eine Verkleinerungsform, ein Diminutiv, des Worts *lachen*. Genau dies führt aber in die Irre. Ebenso ungenügend sind die Bezeichnungen im Französischen oder auch Italienischen: *rire* und *sourire*, *ridere* und *sorridere* – auch dort ist das Lächeln etwas weniger als ein Lachen. Ganz anders aber im Englischen, wo es, die Verschiedenheit klar signalisierend, zwei verschiedene Wörter gibt: *to laugh* und *to smile* – davon geht das Sprachbewusstsein ja aus: verschiedene Dinge, verschiedene Wörter. Und Lachen und Lächeln sind, nun psychologisch betrachtet, zwei eigenständige Reaktionen. Physiologisch sind sie ja ohnehin verschieden. Das Lächeln ist stumm: Es hat keinen Zweck, im Dunkeln zu lächeln, man tut es aber – auch dies ist wieder charakteristisch – trotzdem. Das Lachen ist laut, hörbar jedenfalls, es kann sogar sehr laut werden bis hin zu dem lauten wiederum gemeinschaftlich sozialen Lachen, das man «homerisch» nennt, weil Homer verschiedentlich und in einer festen Wendung von dem «unauslöschlichen

Gelächter» der Götter redet, in welches sie zuweilen ausbrechen. Und «unauslöschlich» ist ja eine packende Übertreibung: gar nicht unrealistisch sieht sie das Gelächter im Bild eines Feuers, das rasch und nicht unterdrückbar von einem zum anderen übergreift. Da kann man nur warten, bis es sich wieder legt – von selbst (was das Feuer ja eigentlich nicht tut).

Das Lächeln ist ohne Zweifel das breitere, umfassendere Phänomen: wir lächeln ja nicht nur, wenn etwas Lustiges oder positiv Überraschendes vorliegt, sondern auch und vor allem wenn wir Höflichkeit, Freundlichkeit, Herzlichkeit, Zuwendung überhaupt signalisieren, etwa bei der Begrüßung, zu der auch ein entsprechendes, wie zustimmendes Kopfnicken gehört; bei dieser Gelegenheit, auch bei der Verabschiedung, kann das geräuschlose Lächeln durchaus in geräuschvolles Lachen übergehen – da haben wir dann schon, zugegeben, rein beschreibend gesehen, diese Steigerung vom Lächeln zum Lachen oder auch die Reduktion vom Lachen zum Lächeln. Dies darf aber nicht darüber täuschen, dass es sich um psychologisch verschiedene Dinge handelt. Auch für Freud ist das Lächeln gegenüber dem Lachen, wie er in seinem Buch über den Witz festhält, «das Grundphänomen». Helmuth Plessner hat seinem wichtigen Buch «Lachen und Weinen» (1941) später den ergänzenden Aufsatz «Das Lächeln» nachgeschickt (1950), in dem er einen wichtigen Unterschied hervorhebt: das Lächeln ist eine kontrollierte Form des Ausdrucks, was man vom Lachen nicht sagen kann. Oder sagen wir so: das Lachen kann sich eruptiv, unbeherrschbar einstellen, das Lächeln, das durchaus auch spontan sein kann, ist viel leichter zu unterdrücken.

Und dann ist da ja auch, sehr bedeutsam, ein großer biographischer Unterschied: das Lächeln bei Neugeborenen ist lange vor dem Lachen da – auch wenn oft schon etwas als Lächeln gedeutet wird, was noch kaum eines ist. Aber sehr bald, nach wenigen Wochen, nach dem anfänglichen bloßen Schreien und stummen Schauen, ist dieses Lächeln plötzlich doch – und es ist für die Eltern wie ein Wunder – völlig eindeutig da: als eine *Antwort*. Heute wird es geradezu als «angeborene Ausdrucksbewegung» betrachtet. In der Tat: auch Blinde lächeln, und sie können es ja nun wirklich nicht abgeschaut und nachgeahmt haben. Bei Christian Morgenstern gibt es, in einem Gedicht seiner «Palmström»-Serie, den schönen Vers: «selig lächelnd wie ein satter Säugling» – genau. In diesem Gedicht geht es gerade um eine neue sehr besondere Art von Witzen: Witze (ein schöner Gedanke), die erst Stunden, nachdem man sie gehört hat, plötzlich wirken. Dann kann es geschehen, dass man etwa nachts erwacht mit diesem quasi solipsistischen, wie nach innen gerichteten Lächeln. Und Morgenstern hat dies richtig beobachtet (man kann sich ja auch auf Dichter nicht immer verlassen): Da ist bei dem Säugling, der ja hier nur als Bild erscheint, kein Lachen, denn soweit ist er noch lange nicht, sondern ein Lächeln:

Korf erfindet eine Art von Witzen,
die erst viele Stunden später wirken.
Jeder hört sie an mit Langerweile.

Doch als hätt ein Zunder still geglommen,
wird man nachts im Bette plötzlich munter,
selig lächelnd wie ein satter Säugling.

So wirken nun Witze gerade nicht (deshalb ist dies schöne Gedicht auch witzig), sondern augenblicklich oder gar nicht. Dies aber gibt es wirklich, dass man sich, aufwachend, lächelnd oder gar lachend, an einen vor langer oder auch vor kurzer Zeit gehörten Witz erinnert. Lachen und Lächeln sind also verschieden. Aber der Witz (dies ist nun bemerkenswert) führt beide zusammen.

Er bringt entweder zu einem Lachen *oder* zu einem Lächeln. Wenn er weder das eine tut noch das andere, ist er schlecht, oder man hat ihn ungeschickt erzählt. Oder man hat ihn jemandem erzählt, bei dem er schlechthin nicht ankommen konnte. Zu einem Witz gehören mindestens zwei. Auch objektiv gute Witze (aber gibt es auf diesem Feld Objektivität?) führen zuweilen ins Leere. Andererseits gibt es auch schlechte Witze – Witze, über die man vernünftigerweise nicht lächeln und nicht lachen kann. Aber da wird es schon wieder kompliziert. Denn wenn's um Witze geht, sind wir beim Lächeln anspruchsvoller als beim Lachen. Das Lächeln, wenn es von selbst kommt, steht intellektuell *über* dem Lachen. Man lächelt, wenn einem ein schwacher Witz erzählt wurde, ja oft nur aus Höflichkeit. Dies ist übrigens ‹technisch› kein größeres Problem, aber aus Höflichkeit laut und herzlich, also natürlich zu lachen, ist wirklich, schon rein ‹technisch›, gar nicht leicht. Das müsste man wie ein Schauspieler lernen! Und sehr leicht ist es, das *echte* Lachen, das einfach aus einem herausbricht, von einem nur künstlichen zu unterscheiden.

Das mit dem Lächeln ist wirklich kompliziert: Man kann aus purer Höflichkeit lächeln, etwa bei einem als schwach oder störend empfundenen Witz, andererseits sind Witze, bei denen man nur lächelt und nicht lacht, wahrlich nicht schwächer, intellektuell und auch emotional gesehen, als diejenigen, bei denen man lacht und gar *laut* lacht. Aber ich sage natürlich auch nichts gegen diejenigen, die wirklich zum Lachen bringen, über die man streng genommen – Unkontrollierbarkeit – nicht *nicht* lachen kann. Auch dies ist eine wichtige Funktion. Sigmund Freud hat da einen guten Ausdruck (er ist gut, auch wenn er ihn möglicherweise von jemandem übernommen hat, etwa von dem damals hochberühmten Kuno Fischer, dessen Buch über den Witz er gut kannte): Freud redet von der «Lachkraft» eines Witzes oder einfach von einem «lachkräftigen Witz». Es gibt in der Tat Witze, die sich hier sehr hervortun.

Wobei wir freilich erneut daran denken müssen, dass die Leute sich auch darin unterscheiden, *worüber* sie lachen. Goethe geht hier noch weiter, wenn er zusätzlich sagt, dass sich hierin deutlich auch ihr «Charakter» zeige. Er sagt: «Durch nichts bezeichnen die Menschen mehr ihren Charakter als durch das, was sie lächerlich finden.» So lässt er jedenfalls die Ottilie in ihrem Tagebuch in seinen «Wahlverwandtschaften» sagen. Und mit «was sie lächerlich finden» meint er doch wohl ‹worüber sie lachen›, denn jetzt – hier hat sich unsere Sprache inzwischen verändert – finden wir etwas ‹lächerlich› oder auch ‹lachhaft›, worüber wir eigentlich nicht lachen, und sagen es über etwas, wenn wir meinen, es sei unmöglich. Unbestreitbar ist jedenfalls, dass die Leute sich darin stark unterscheiden, *worüber* sie lachen, also auch in den Witzen, die sie gut finden. Und es hat nicht den mindesten Sinn, mit jemandem darüber zu streiten, weshalb er etwas nicht komisch findet, weit eher schon, weshalb er tatsächlich über etwas lacht oder lächelt.

Als Kolumbus einige Indios an den Königshof von Kastilien brachte, war da alsbald die theologisch-philosophische Frage, die auch ein praktisches Motiv hatte, ob sie Menschen seien. Und in diesem Zusammenhang war dann die Tatsache, dass sie lächelten, ein starkes Argument. Denn dass nur Menschen lächeln können, hatte schon Aristoteles festgehalten, und dies war damals den intellektuellen Beobachtern wohlbekannt. Nicht sehr rasch, aber doch einigermaßen rasch, kam es dann auch in Rom zu der sicher durch andere Argumente zusätzlich gestützten Entscheidung: das sind Menschen.

Gewiss habe ich das weite und schwierige Thema «Lachen und Lächeln» durch diese knappen Bemerkungen nur eben angerissen. Mehr würde mich auch überfordern. Hier wollte ich ja vor allem verdeutlichen, dass – und nun von der Sprache her formuliert – das Lachen nicht ein größeres Lächeln ist und das Lächeln nicht ein kleineres Lachen. Dies allerdings ist sehr wichtig – auch gerade für das Verständnis des Witzes.

8. Was diese Sammlung will (und nicht will)

Mit dieser Sammlung wollte ich, wie auch mit der vorhergehenden, zunächst einmal zeigen, was es im Bereich des Sprachwitzes so alles gibt. Daher habe ich zu der engeren Definition (ein Sprachwitz liegt vor, wenn er nur mit Mitteln der Sprache arbeitet) auch die weitere hinzugenommen (ein Witz ist ein Sprachwitz, wenn sein Gegenstand etwas Sprachliches ist). Zweitens und vor allem sollten diese Witze Spaß machen, so wie sie mir, während ich sie zusammenstellte, Spaß gemacht haben. Drittens muss ich aber auch zugeben: da ich nun einmal Sprachwissenschaftler bin, bleibt diese Sammlung «irgendwo» doch auch sprachwissenschaftlich. Das heißt, dass mein sprachwissenschaftliches Interesse da durchaus gegenwärtig ist. Dazu gehört dann wieder, dass mein *wissenschaftliches* Interesse an der Sprache sehr stark auch durch das bestimmt ist, was mich an ihr *außerwissenschaftlich* interessiert oder einfach gefällt. *Mir* scheint dies normal zu sein, es ist aber, sehr vorsichtig gesagt, nicht bei allen Sprachwissenschaftlern so. Oft habe ich da das Gefühl, dass sie sich für Sprache wirklich nur wissenschaftlich interessieren, kein affektives Verhältnis zu ihr haben, und dies färbt dann auch auf ihr Vorgehen und ihre Ergebnisse ab. Sodann, viertens, fesselt mich auch das enorme *Spielpotential*, das in einer Sprache angelegt ist, das Ludische also, von lateinisch *ludus*, «Spiel» Deshalb gefällt es mir, dass «Der kleine Stowasser, Lateinisch-deutsches Schulwörterbuch» an erster Stelle, unter Hinweis auf den Historiker Livius, das Beispiel *ludi aetatis* nennt und dies mit «die Freuden der Jugend» übersetzt, und dass der Schulmeister lateinisch Spielmeister heißt, *magister ludi*, gefällt mir auch, obwohl es mich (daran erinnere ich mich genau), als ich es als Schüler erfuhr, nicht wenig überrascht hat.

Das Ludische, das Spielpotential der Sprache, *jeder* Sprache ist umso erstaunlicher, als ihre Mittel ja ziemlich knapp sind. Mit wenigen auf engem Raum erzeugten Lauten – Mund- und Nasenhöhle, Kehlkopf und Lunge – kann *in* einer Sprache oder *mit* ihr ungeheuer viel gemacht werden: im Deutschen zum Beispiel sind es knapp vierzig oder ganz genau, aber darüber lässt sich noch streiten, siebenunddreißig. Knapp also sind diese Mittel, und zudem werden sie mit bloßer Luft hervorgebracht: «Hauche der Stimme», «flatus vocis», sagten die mittelalterlichen Philosophen, die sogenannten Scholastiker, zu den Wörtern. Und lateinisch hießen die Wörter ja auch einfach ‹Stimmen›, *voces;* aber auch zu Sätzen oder einfach Äußerungen konnte man *voces* sagen – sie sind natürlich auch nur ‹Stimmen›. Dies also muss man sich klarmachen: die enorme Leistung der Sprache, wozu auch das Ludische gehört, und dann die Knappheit ihrer – noch dazu in ihrer *Substanz* schwachen und extrem flüchtigen – Mittel, bloß «gehauchte» Zeichen. Von hier aus versteht man auch sofort, welch eine Veränderung, welch einen Fortschritt die Erfindung der *Schrift* brachte. Ein gewaltiger Sieg über das bloß Gehauchte in seiner Flüchtigkeit. Und die Erfindung der Alphabetschrift (mit ihr schreibt man, unter Absehung vom Inhalt der Wörter, das ist ihr Witz, nur deren Laute), diese Erfindung war dann innerhalb dieses enormen Fortschritts ein weiterer großer Fortschritt, weil diese Art der Schrift so leicht erlernbar ist. Das spielerische, das ludische Element, das in der Sprache von Anfang an ist, der *Sprachwitz* also, hat dann, wie von selbst, auch die Schrift ergriffen. Auch dafür sind Beispiele der Sammlung hier. Der Witz braucht die Schrift aber nicht. Er war – hierin darf man sicher sein – schon *vorher* da, und Mündlichkeit bleibt, wie angedeutet, sein eigentliches oder, wie Thomas Mann gesagt haben würde, *recht eigentlich* sein Element.

Fünftens war es mir wichtig, nicht bei *unserer* Sprache stehenzubleiben, sondern auch einige *fremde* hinzuzunehmen. Denn mich interessiert eben nicht nur das Deutsche. Übrigens wird der Blick auf das Deutsche oder sagen wir allgemeiner der Blick auf die Mutter- oder (wie es jetzt eher heißt) die *Erstsprache* durch die Hinzunahme *anderer* Sprachen geschärft. Diese Blickerweiterung gilt sogar – aber es ist am Ende nicht überraschend – für die Sprachwitze im Besonderen. Meine Bemerkungen zum unterschiedlichen Status des Kalauers in den verschiedenen Sprachen (Deutsch, Englisch, Französisch) haben dies schon angedeutet. Der große Dante Alighieri definiert «Muttersprache» in einer um 1305 herum lateinisch geschriebenen und (unter Romanisten) berühmten Abhandlung so: «diejenige Sprache, die wir ohne jede Regel die Amme nachahmend empfangen haben». Die Amme also – es muss nicht unbedingt die Mutter sein – tut es auch: wir sind da schon nicht mehr nur im Raum des Biologischen, sondern bereits auch in dem des Historisch-Kulturellen.

Nach allem Gesagten konnte es mir kaum darum gehen, hier neue Witze etwa im Sinne von «Kennen Sie den...?» oder «Do you know the one about...» mitzuteilen. Nichts gegen neue Witze, aber da lag nicht mein Ziel. Trotzdem (dies möchte ich doch auch sagen) ist es unwahrscheinlich, dass jemand auch nur die meisten Witze dieser Sammlung bereits kennt, wenngleich nicht wenige darunter in der Tat ziemlich bekannt sind. So bekannt vielleicht zum Teil, dass sie schon wieder vergessen wurden. Auch Witze sind eine Frage des Alters. Woher auch sollen die Jungen viele der alten Witze kennen? Und in dem Zusammenhang gibt es noch einen Punkt. Sigmund Freud bezeichnet in seinem wichtigen, nun auch schon sehr alten Buch über den Witz (1905) manche Witze, manche Anekdoten als «kostbar». Richtig, und auch ich denke auf dieser Linie: einige Witze *muss* man in der Tat kennen; dass man sie *nicht* kennt, geht eigentlich gar nicht. Sie gehören – fast hätte ich gesagt – zum (wie es jetzt so schön heißt) *gelingenden Leben*, um nicht zu sagen zur *Bildung*.

Eine Frau stellte im Internet eine Frage zu meiner ersten Sammlung, in der ich mitteilte (es war einer der Sprachwitze oder hier eher Sprachwitzchen), dass Kuhstall auf ägyptisch *Mubarak* heiße. Dies ist ja nun ein typischer Kalauer – immerhin: man muss erst einmal darauf kommen. Und irgendjemand kam darauf (auch dies ist ja an den Witzen faszinierend – einer oder eine kam zuerst darauf – und niemand kennt sie oder ihn). Jene Leserin also fragte sich, ob sie wohl mit diesem Witz «in einer Gesellschaft punkten könne». Dies ging mir, ich weiß nicht recht, warum, nahe. Der Fall zeigt zunächst einmal, wie schnell so etwas altern kann: Hosni Mubarak ist jetzt, wie es so plastisch heißt, weg vom Fenster. Sodann zeigt diese Äußerung, dass gerade dies in der Tat, wie angedeutet, *eine* der Funktionen von Witzen ist: man verspricht sich davon – und «punkten» ist da ein sehr guter Ausdruck – so etwas wie (hier wohl gar erotisches) Prestige. Aber da würde ich nun insistieren: wenn man unbedingt will (und dies *darf* man wollen) und sich dabei nicht ganz ungeschickt anstellt, müsste man sich mit einigem, was hier steht, doch auch etwas «produzieren» können.

Eike Christian Hirsch nennt Witzsammlungen «Witzkonserven zum Weitererzählen». Dies gilt nun in der Tat für Witze, ob nun gehört und gelesen, immer: sie *sind* zum Weitererzählen. Und dann präzisiert Hirsch treffend, der Witz sei «ein Drei-Personen-Stück. Der Erzähler will etwas loswerden, er will im Mittelpunkt stehen und einen Erfolg erzielen. Außerdem verschafft sich der Witzerzähler den Vorteil, den Witz noch einmal genießen zu können, denn wie Bateson meint, einen Witz möchte man zwar nur dreimal hören, aber zwanzigmal erzählen» (Gregory Bateson war in Kalifornien und darüber hinaus eine aus England stammende Kultfigur: Sozialwissenschaftler, Anthropologe, Biologe, Kybernetiker, Philosoph).

Ich habe die Sprachwitze hier nur locker geordnet. Erst kommen die weniger kalauerhaften, dann zunehmend eben diese; es folgen einige kompaktere sprachwitzige Zitate, etwa aus Karl Valentin, dessen gar nicht so übermäßig bayerische Komik besonders konsequent der Sprache abgelauscht ist (und oft ist es nur eine ganz kleine Veränderung, die bei ihm einen Satz sehr komisch macht, wie etwa «Jetzt bin ich ja *so* sprachlos» oder «nein, ich reise nicht oft, nur da und hie»); ähnlich, aber doch anders, gespannter, gedrechselter, schärfer oder bitterer Karl Kraus (dessen allerletzter Satz war offenbar «Pfui Teufel!»), und wenn Karl Valentin gar nicht so sehr bayrisch ist, ist Karl Kraus gar nicht so sehr österreichisch oder gar wienerisch – «in Wien», sagt Johann Nepomuk Nestroy, «lacht sogar der Totengräber», dies tut er bei Kraus nicht; dann kommt der «schlesische Schwan» Friedrike Kempner, unübertroffene Meisterin des unfreiwilligen Humors; nach ihr der sehr freiwillige Humor der «Sprachsätze» von Victor Canicio, ein spanischer, meist auch spanisch, hier aber einmal deutsch schreibender Homo Heidelbergensis, danach die Schüttelreime, und hier imponieren mir besonders die soziologisch fachlichen von Heinrich Popitz; dann, mir besonders lieb, einige herausgegriffene Stellen aus dem schönen Buch von Zvi Yavetz (er hieß zuvor Harry Zucker) aus Israel über seine so vielsprachige, aber auch in anderer Weise faszinierende Heimatstadt Czernowitz, vormals österreichisch, damals rumänisch, heute ukrainisch (Zvi Yavetz starb, Januar 2013, als ich schon mit dieser Sammlung beschäftigt war; in den neunziger Jahren war ich in München einen anregenden Abend lang mit ihm und zwei Kollegen zusammen, ohne, leider, von seiner Czernowitz-Seite etwas zu wissen – er erforschte die römische Geschichte); danach kommen, ein weites und schönes Feld, eine Reihe von Sprachwitzen aus deutschen Dialekten und zuletzt solche aus fremden Sprachen, wobei ich mich fast ganz auf das Englische und Französische beschränkt habe. Das Englische ist ja nun unter uns immer weniger eine fremde Sprache, umso mehr ist aber das Französische, seit einem halben Jahrhundert, zu einer sehr fremden Fremdsprache geworden...

9. Ergänzungen

a) Einsames Lachen und Lächeln

Unvermeidlich ist bei Witzsammlungen der Museumseffekt: so wie Bilder im *Museum* hängen, sollten sie eigentlich *nicht* hängen; sie sind für eine nicht museumsartige Umgebung gedacht (allerdings: die gegenwärtigen Maler malen, hat man den Eindruck, sofort fürs Museum). Museen sind wunderbar oder können es sein, sie sind aber ein Notbehelf. Für Witzsammlungen gilt dies (auf niedrigerer Ebene, versteht sich) auch – Witze gehören in einen Lebenszusammenhang, auch gerade wenn man sie erzählt. Aber auch ein Witz in einer Sammlung wie dieser kann in positiven Fällen beim einsamen Leser zu einem Lachen oder einem Lächeln führen. Allerdings ist man nicht wirklich einsam, wenn man ein Buch vor sich hat. Wenn Pascal in einem berühmten und in der Tat sehr beunruhigenden Satz meinte, das ganze Unglück des Menschen bestehe darin, dass er es nicht aushalte, allein in einem Zimmer zu sein, dachte er natürlich nicht an ein Zimmer mit Büchern – denn dann wäre man ja nicht allein ... Wer also beim

Lesen lacht, lacht nicht allein. Denn das mit dem einsamen Lachen oder Lächeln ist ein Problem. Zu beidem, zum Lächeln wie zum Lachen, gehören *zumindest* zwei. Allein – und für andere sicht- oder hörbar – zu lachen oder zu lächeln, ist nahezu dasselbe wie in der Gegenwart von anderen mit sich selbst zu reden – etwa auf der Straße. Und wie oft ist man da beruhigt, wenn man bei einem scheinbar mit sich selbst Redenden und Gestikulierenden schließlich doch das Handy sieht (das Gestikulieren bleibt aber beim Telefonieren immerhin komisch). Denn ein Reden allein mit sich selbst, wenn man gesehen werden kann, ist klar ein Schritt ins Irre. Und damit ist das einsame Lächeln oder Lachen durchaus vergleichbar. Deshalb entschuldigen wir uns auch, wenn es uns passiert, dass wir plötzlich lachen müssen. Zvi Yavetz berichtet von der an den allein für sich sitzenden und lachenden Moische gerichteten Frage: «Was lachst du, Moische?» und seiner Antwort: «Ich hab mir gerade erzählt einen Witz». Auch dergleichen ist ja, daher ist dies ein Witz, nicht normal: Man erzählt sich selbst keinen Witz. Aber trotzdem kommt es vor, dass man für sich lachen oder lächeln muss. Und wenn man merkt, dass andere es wahrgenommen haben, sagt man vielleicht: «Ach, Verzeihung, ich musste da gerade an was denken.» Auf Französisch entschuldigt man sich, wenn einem das Lachen plötzlich ausrastet und unbeherrschbar wird, mit der festen Wendung: «Pardon, j'ai le fou rire», was wegen des Wortes *fou* «verrückt» deutlicher ist als unser sachlicherer Ausdruck *Lachanfall* – so etwas kann peinlich sein.

Schopenhauer hingegen vertrat die Meinung, man dürfe durchaus *alleine* lachen, während man doch üblicherweise meine (dies sieht er also auch), es sei «närrisch». Er aber erklärt streng, was er ja oft tut: «Ist denn das Lachen etwan» (ein geschwundenes Wort) «nur ein Signal für Andere und ein bloßes Zeichen, wie das Wort? – Mangel an Phantasie und an Lebhaftigkeit des Geistes überhaupt, das ist es, was ihnen das Lachen verwehrt, wenn sie allein sind. Die Tiere lachen weder allein noch in Gesellschaft. Myson, der Misanthrop» (also einer, der die Menschen nicht mag) «war, allein lachend, von so Einem» (also von einem, der meinte, dies gehe nicht an) «überrascht worden, der ihn jetzt fragte, warum er denn lache, da er doch allein wäre? ‹Gerade darum lache ich›, war die Antwort.»[3] Das ist ja, zugegeben, witzig – der Misanthrop lacht gerade, weil niemand sieht oder hört, dass er lacht, denn sonst würde er es nicht tun. Es bleibt aber, meine ich, schließlich doch dabei, dass das Lächeln und – mehr noch – das Lachen *soziale* Phänomene sind. Und dass sie, wie Schopenhauer auch betont, spezifisch *menschlich* sind, ist ebenfalls bedeutsam.

b) Spezifisch Menschliches

Beim Thema Sprachwitz sind wir ja in doppelter oder eigentlich dreifacher Weise im Bezirk des ausschließlich Menschlichen. Tiere haben keine Sprache, jedenfalls keine, wie Menschen sie haben – also haben sie (von uns aus gesehen) keine. Sie haben zwar mannigfache, sehr erstaunliche und für sie restlos ausreichende Möglichkeiten, sich in den jeweiligen Situationen auszutauschen. Aber eben da ist der entscheidende Unterschied zu unserer oder also zu *der* Sprache. Denn diese erlaubt uns etwas, was Tieren, auch unseren Mit-Primaten, nicht oder allenfalls (seien wir vorsichtig) bloß in kleinen Ansätzen möglich ist. Wir können etwas zum Gegenstand machen, das mit unserer augenblicklichen Situation ganz und gar nichts zu schaffen hat. Die Sprache erlaubt uns beispiels-

---

[3] Zitiert bei Ludger Lütkehaus, Schopenhauer zum Vergnügen, Stuttgart, Reclam, 2002, S. 49.

weise, was wir beide, Sie, Leserin oder Leser, und ich, bemühter Autor, jetzt eben tun, allerdings tun wir es zeitverschoben: Sie lesen etwas, was ich niedergeschrieben habe, aber was Sie lesen, hat, während Sie es lesen, nichts mit der Situation zu tun, in der Sie sich befinden, so wie umgekehrt, was ich niedergeschrieben habe, in dem Augenblick, als ich es niederschrieb, nichts mit der Situation zu tun hatte, in der ich mich da befand. Abstrakt gesagt: unser Sprechen erlaubt «Situationsentbindung» (es ist dies ein Terminus, den schon 1934 Karl Bühler geprägt hat) – Entbindung aus der gerade gegebenen Situation.[4] Das Erzählen ist ein klassischer Fall solchen Redens. Deshalb kann Erzählen auch sehr stören in einer als drängend empfundenen Situation, aus der man herauszukommen sucht. Und da sind wir wieder bei unserem Thema: den Witzen. Tiere können nicht erzählen, also erzählen sie sich auch keine Witze, und Sprachwitze erst recht nicht. Sie können sich freuen, auch sogar mit uns – und wir natürlich mit ihnen. Aber lachen und lächeln können sie nicht. Nicht zu Unrecht spricht man oder spricht unsere Sprache, eine bemerkenswerte Wendung, vom «tierischen Ernst» (zumindest in der Stadt Aachen nimmt man diesen so ernst, dass man jedes Jahr sogar einen Orden gegen oder «wider» ihn verleiht). Somit, was den Sprachwitz angeht: in der *Sprache*, dann im *Lächeln* und im *Lachen* haben wir ein dreifaches, nur beim Menschen Anzutreffendes. Peter L. Berger merkt in seinem sehr schönen Buch Buch «Erlösendes Lachen» an, es herrsche über die Frage, ob auch Tiere lachen, «kein Einverständnis». Affen, in der Tat, würden grinsen, und zwar «bei Ritualen der Begrüßung und Besänftigung». Zwischenfrage eines Philologen: woher wissen wir, wie das, was uns als Grinsen erscheint, von den Affen be-

---

4 Karl Bühler, Sprachtheorie. Die Darstellungsfunktion der Sprache, Stuttgart, G. Fischer 1965 (erstmals 1934), S. 366 ff.

urteilt wird? Eines aber, setzt Berger hinzu, sei gewiss, und da kann ihm niemand widersprechen: «Kein Affe hat je gegrinst, wenn man ihm einen politischen (oder anderen) Witz erzählt hat.»

c) Witz und Humor

Der frühere Oberbürgermeister von Freiburg, Rolf Böhme, war, bevor er dies wurde, von 1978 bis 1982 Parlamentarischer Staatssekretär im Bundesfinanzministerium in Bonn. Da sei er einmal, erzählte er, zu Beginn eines Empfangs wartend neben Herbert Wehner gestanden. Auf der anderen Seite des Saals sei Willy Brandt wohlgelaunt mit einer Reihe von Leuten hereingekommen und habe, mehrfach von Lachsalven begleitet, Witze erzählt. Wehner habe sich dies finster angesehen und schließlich kopfschüttelnd sehr hörbar gegrummelt: «Ich erzähle keine Witze. Ich habe Humor.» Diese Äußerung hat es in sich. In der Tat muss man zwischen Witz und Humor unterscheiden. Und wichtiger noch: jemand, der einen von beiden hat, muss nicht auch den anderen haben. Jemand, der gerne Witze erzählt und sie auch *gut* erzählt, hat vermutlich einen gewissen Sinn für Witze, aber er ist deshalb nicht unbedingt selbst witzig, doch sogar wenn er *Witz* hätte, hätte er nicht unbedingt auch *Humor*. Und das Umgekehrte gilt auch: man kann auch Humor haben, ohne gleichzeitig über ausgesprochenen Witz zu verfügen. Dies ist nun wieder ein weites Feld, das ich hier nur streifen, aber nicht betreten will.

Die Definition von *humour* im «Petit Larousse» lautet so: «eine Anlage des Geists, die danach trachtet, den lächerlichen, seltsamen oder absurden Charakter gewisser Aspekte der Wirklichkeit komisch hervortreten zu lassen», «forme d'esprit qui cherche à mettre en valeur avec drôlerie le caractère ridicule, insolite ou absurde de certains aspects de la réalité». Nicht schlecht, aber da fehlt etwas; auch bindet diese Definition den Humor unnötig eng an die Sprache – «hervortreten lassen», «mettre en valeur» (das geht doch wohl nur sprachlich). Der «Duden. Das große Wörterbuch der deutschen Sprache» schreibt zu *Humor*: «Gabe eines Menschen, der Unzulänglichkeit der Welt und der Menschen, den Schwierigkeiten und Missgeschicken des Alltags mit heiterer Gelassenheit zu begegnen». Auch nicht schlecht, aber das mit dem «Lächerlichen, Seltsamen und Absurden», das wir in der Definition des «Petit Larousse» finden, fehlt, und vielleicht ist das mit der «heiteren Gelassenheit» in einem gewissen Sinn dieses Worts auch zu philosophisch, und es fehlt auch das Komische, Lustige, welches das französische Wörterbuch mit dem Wort *drôlerie* bezeichnet. In beiden Definitionen aber vermisse ich den Bezug zum Ich, seine Relativierung. In einem Gespräch mit dem Magazin der «Frankfurter Allgemeinen» wurde Peter L. Berger gefragt, was er von der Meinung des israelischen Schriftstellers Amos Oz halte, nach welcher fehlender Humor «das sicherste Erkennungszeichen aller Fanatiker» sei. Berger antwortete: «Das kann man wohl sagen. Denn es liegt im Wesen des Humors, dass man die Widersprüchlichkeit nicht nur der Welt, sondern seiner eigenen Existenz akzeptiert. Das kann sich kein Fanatiker leisten. In dem Moment, wo er über sich lacht, versehrt er seine Selbstsicherheit; danach wäre es aus mit Fanatismus». Die «eigene Existenz» also sollte nicht unberührt sein von der Kenntnis der «Unzulänglichkeit der Welt und der Menschen». Man muss auch nicht geradezu lachen können über sich selbst (dies ist nämlich gar nicht leicht), eine gewisse Distanzierung und damit Relativierung ist auch schon etwas.

Eine interessante Frage: Gibt es Unterschiede zwischen weiblichem und männlichem Humor, oder besser: zwischen dem der Frauen und dem der Männer? Klar ist, dass der Männer-Humor mehr ins Sexuelle geht (und dann selbstverständlich eher machistisch), auch mehr ins Exkrementelle, und insofern ist er gröber, dies gilt zumindest, wenn Männer unter sich sind. Ich vermute, dass Frauen mehr Spaß haben an, sagen wir, etwas feineren Kalauern, dass sie diesen gegenüber toleranter sind. Es könnte auch sein, dass ihnen jene Distanzierung von sich selbst – Nimm dich nicht so wichtig! – leichter fällt, dass sie also *mehr* Humor haben. Quaeritur, hieß es da früher lateinisch, also: ich frag ja bloß.

d) Ironie

Ein nicht nur von mir bewunderter Germanist, Peter von Matt in Zürich, monierte in einem Brief an mich freundlich am Vorwort meiner ersten Sammlung, ich hätte das Problem der Ironie «elegant umschifft», eine Wendung, die ja in netter Form ein Manko konstatiert. Er hatte Recht, denn natürlich gehört zur Ironie, deshalb hätte ich sie zumindest nennen müssen, ebenfalls ein sprachwitziger Aspekt. In ironischer Rede muss man sprachlich *ein wenig* chargieren, ein wenig, aber auf keinen Fall *zuviel* und dies auch in der richtigen Richtung, so dass die Ironie als solche und mit kennerischem Vergnügen erkannt wird. In anderen Worten: das sogenannte ‹Ironiesignal› muss erkennbar, darf aber auch nicht allzu deutlich sein. Hierher gehören, zum Beispiel, in meiner Sammlung, die schönen Eigennamen aus dem Roman «Königliche Hoheit» von Thomas Mann: sie sind zum Teil etwas unwirklich, etwas sehr sogar, in der Tat *chargiert* (so etwa «Finanzminister Doktor Krippenreuther» oder «Hoffinanzdirektor Graf Trümmerhauff») – aber der ganze, ich finde, oft unterschätzte Roman hat ja ohnehin etwas von einem Märchen. Ein schönes Beispiel für eine auch sprachlich sehr gekonnte Ironie ist die zuvor zitierte Bescheinigung, die Freud bei seinem Abschied aus Wien der Gestapo ausgestellt hat – so als handle es sich um ein normales Umzugsunternehmen, und da ist das Maß des Chargierens auch gerade sprachlich gut getroffen: «kann die Gestapo jedermann auf das beste empfehlen» – das sprachliche ‹Ironiesignal› liegt, vor allem in «auf das beste», klar zu Tage. Auch eine andere Äußerung von Freud könnte hier genannt werden. Als das Finanzamt in Wien einmal die Steuererklärung Freuds mit dem Hinweis anzweifelte, er müsse doch wegen seines Ruhms und seiner zahlreichen, auch aus dem Ausland kommenden Patienten höhere Einnahmen als die angegebenen haben, antwortete er trocken (zur Ironie gehört auch Trockenheit): «Ich freue mich über diese erste Anerkennung meiner Arbeit seitens des österreichischen Staats».

Thomas Mann, an den man in der deutschen Literatur zuerst denkt, wenn es um Ironie geht, hat im Alter geäußert, er möchte sein Werk doch auch mit dem Begriff des Humors verbunden sehen als ausschließlich mit dem der Ironie. In seinem Werk gibt es beides; zudem ist seine Ironie schwebend, so dass sie nicht einfach das Gegenteil des tatsächlich Gesagten meint. Über den mit ihm etwas befreundeten Schriftsteller Bruno Frank sagte er: «Er schreibt wie ich. Aber er meint es ernst». Das ist ein Unterschied in der Tat. Thomas Manns Tagebücher jedoch, die eigentlich langweilig sein müssten, es seltsamerweise aber nicht sind, zeigen – dies ist ebenfalls sehr seltsam – weder Ironie noch Humor. Sie meinte auch er ganz ernst. Dieser dem Leser sonst äußerst zugewandte Autor kehrt ihm in seinen Tagebüchern den Rücken zu. Humor aber wie auch Ironie setzen Leser-Zugewandtheit voraus.

Ein klassischer, direkter und gar nicht schwebender Ironiker war George Bernard Shaw. Von ihm gibt es den schönen, wahrhaft ironischen Ausspruch mit zudem ganz überraschender Pointe: «Man hält mich gelegentlich für einen Meister der Ironie. Aber auf den Gedanken, im Hafen von New York eine Freiheitsstatue zu errichten, wäre ich nicht gekommen.» Der

Satz zeigt übrigens, dass es einen gewissen Antiamerikanismus (zumindest in England) schon früher gab.

e) Einbruch des Komischen ins Alltägliche – Nebenwelten

Schopenhauer meint, im Witz sähen wir «diese strenge, unermüdliche überlästige Hofmeisterin Vernunft einmal der Unzulänglichkeit überführt». Aber – ist das so? Ich finde kaum Beispiele für solche «Überführung». Der Witz erlaubt sich (so wird er *erlebt*) eher etwas wie eine momentane Außerkraftsetzung der Vernunft, mehr nicht, insofern ist er natürlich auch eine *Befreiung*. Er hat sicher auch etwas Anarchisches, was mit dem Erleben einer solchen Befreiung, die ja das Lachen stark intensiviert, durchaus einhergehen kann, auch wenn die Befreiung nur vorübergehend ist und von vorneherein so erfahren wird. Peter L. Berger redet vom «Eindringen des Komischen in den Alltag». Die Wirklichkeit des Alltags, setzt er voraus, ist für uns die «dominante Wirklichkeit». Da bezieht er sich auf Alfred Schütz, der neben dieser wirklichen Wirklichkeit, der Hauptwirklichkeit, «paramount reality», wie er sagt, *andere* Wirklichkeiten sieht, «geschlossene Sinnbezirke», «finite provinces of meaning», oder, wie Berger vorzieht, «Nebenwelten», von denen *eine* gerade auch das Komische ist. Andere solche «Nebenwelten» wären der Traum, das Sexuelle, die Erfahrung des Ästhetischen und, wie er sagt, «die leidenschaftliche Konzentration des Wissenschaftlers», dann natürlich die des Religiösen – immer ist da in der Tat der vorübergehende Rückzug aus der «wirklichen Wirklichkeit», aus der nämlich des Alltags, in der wir eben die meiste Zeit leben und in der wir (dies ist nun wichtig) *handeln*. Für die religiöse «Nebenwelt» gilt jener Rückzug freilich nur in formalem Sinn, denn da ist die Voraussetzung ja gerade nicht, im Prinzip jedenfalls, eine gleichsam schwächere Wirklichkeit, der man sich zuwendet.

Unter den «Nebenwelten» hat nun das Komische die Besonderheit, dass die Reaktion, also das Lachen, das es auslöst, nicht beherrschbar ist, jedenfalls nicht immer. Hier also, so Berger, «bricht die Kontrolle, die das Individuum gewöhnlich über seinen Körper hat, zusammen». Und dies gilt ja für das Weinen ebenso, und da bezieht sich Berger natürlich auch auf Helmuth Plessners «Lachen und Weinen» (1941).

Aber ich kann meine Hinweise auf Bergers so scharfsinniges wie enorm sympathisches Buch abbrechen. Denn wichtig ist mir hier nur die Auffassung des Komischen als etwas, das immer latent ist und also immer und in der Tat wie von außen her einbrechen kann in unsere Alltäglichkeit. Vor Kurzem sah ich am Bahnhof Karlsruhe, als ich dort umsteigen musste, ein älteres Ehepaar: die beiden standen auf dem Bahnsteig vor dem Zug, der gleich abfahren sollte, und stellten fest, dass sie diejenigen, die sie zum Zug gebracht hatten, durch die dunklen Scheiben hindurch nicht mehr sehen konnten (man sieht ja bei Tag aus diesen Zügen zwar hinaus, aber nicht in sie hinein): «I seh se nemme», sagte der Mann verdrießlich oder ungeduldig, worauf die Frau trocken sagte: «Mir winket aber trotzdem». Ich fand dies ziemlich komisch, habe auch, obwohl ich allein war, beinahe laut gelacht, wobei ich übrigens nicht leicht sagen könnte, weshalb ich dies so komisch fand. Aber – war dies nicht so ein plötzlicher Einbruch? Jedenfalls erlebte ich es so. Die beiden blieben übrigens ganz ernst, was die Komik erhöhte. Ich blieb sogar stehen, um zu sehen, ob sie wirklich winken würden... Nun (und darauf wollte ich hinaus), es ist gerade auch die Sprache, die durch die Fallen, die in ihr vielfach aufgestellt sind, immer wieder Möglichkeiten für unvermutete und ungewollte Einbrüche des Komischen bietet. Und solche Einbrüche kann man natürlich durch Witz oder Humor auch herbeiführen – bewusst, halbbewusst oder auch wirklich unbewusst.

Herzlich danke ich Dr. Raimund Bezold, meinem Lektor, wieder einmal für gute Begleitung, dann Frau Dr. Katja Lintz, ebenfalls vom Verlag, und Marlon Poggio für sorgfältige Durchsicht und Anregungen.

Literatur

Bausinger, Hermann, Der Witz der Sprache, Marburger Universitätsreden, Bd.19, Marburg 1994

Berger, Peter L., Erlösendes Lachen. Das Komische in der menschlichen Erfahrung, Aus dem Amerikanischen von Joachim Kalka, Berlin/New York, de Gruyter 1998

Bergson, Henri, Das Lachen. Ein Essay über die Bedeutung des Komischen, Zürich, Arche 1972, französisch zuerst 1900

Canicio, Victor, Deine fremde Zunge in meinem Ohr. Über die akute Suffizienz der Sprache, Heidelberg, Manutius 2001

English jokes and puns, Herausgegeben von Winfried Ulrich, Stuttgart, Philipp Reclam jun. 2006

Fischer, Kuno, Über den Witz. Kleine Schriften 2, Heidelberg, Carl Winter 1989

Freud, Sigmund, Der Witz und seine Beziehung zum Unbewussten (1905), Freud-Studienausgabe, Band IV, Frankfurt am Main, S. Fischer 1970

Gauger, Hans-Martin, Das ist bei uns nicht Ouzo. Sprachwitze, München, C.H.Beck 2006

Gilder, Alfred, Anthologie des jeux avec les mots. Paris, Le Cherche-Midi 2009

Hesse, Christian, Was Einstein seinem Papagei erzählte. Die besten Witze aus der Wissenschaft, München, C.H.Beck 2013

Hirsch, Eike Christian, Der Witzableiter oder Schule des Lachens, München, C.H.Beck 2002 (Erweiterte und überarbeitete Neuauflage, erstmals erschienen Hamburg, Hoffmann und Campe 1985)

Karasek, Hellmuth, Soll das ein Witz sein? Humor ist, wenn man trotzdem lacht, Berlin, Quadriga 2011

Koestler, Arthur, Der göttliche Funke. Der schöpferische Akt in Kunst und Wissenschaft, Bern, München, Wien, Scherz, 1966 (englisch 1960)

Koch, Peter; Krefeld, Thomas; Oesterreicher, Wulf, Neues aus Sankt Eiermark. Das kleine Buch der Sprachwitze, München, C.H.Beck 1997 (mit einem guten Nachwort)

Lipka, Leonhard, Non-serious Text Types, Comic Discourse, Humour, Puns, Language Play, Limericks, Punning and Joking, in: SKASE Journal of Theoretical Luguistics 6 (1) 2009, S. 84 ff.

Lütkehaus, Ludger, «Man muß nur hübsch alt werden; dann giebt sich alles». Schopenhauer zum Vergnügen, Stuttgart, Philipp Reclam jun. 2001

Lütkehaus, Ludger, Freud zum Vergnügen. «Genug mit meinen Schweinereien», Stuttgart, Philipp Reclam jun. 2006

Mayerowitz, Jan, Der echte jüdische Witz, Berlin, Colloquium 1971 (2. Auflage)

Plessner, Helmuth, Lachen und Weinen, in: Plessner, Helmuth, Philosophische Anthropologie, Frankfurt am Main, Fischer 1970 (erstmals 1941)

Polt, Gerhard, Manege frei. Monologe und Dialoge, Stuttgart, Philipp Reclam jun. 2007

Reiners, Ludwig, Der Ewige Brunnen. Ein Hausbuch deutscher Dichtung. Gesammelt und herausgegeben von Ludwig Reiners. Aktualisiert und erweitert von Albert von Schirnding, München, C.H.Beck 1955 und 2005

Schiewe, Jürgen, Sprachwitz – Sprachspiel – Sprachrealität, Über die Sprache im geteilten und vereinten Deutschland, in: Zeitschrift für germanistische Linguistik, 25, 1997, S. 129– 146

Schöffler, Herbert, Kleine Geographie des deutschen Witzes, Göttingen, Vandenhoek & Ruprecht 1955

Valentin, Karl, Karl Valentin's Gesammelte Werke, Frankfurt am Main, Wien und Zürich, Büchergilde Gutenberg 1961

Valentin, Karl, Sturzflüge im Zuschauerraum. Der Gesammelten Werke anderer Teil, Frankfurt am Main, Wien und Zürich, Büchergilde Gutenberg 1971

Willen, Günther, Niveau ist keine Hautcreme. Gepflegte Sprüche für alle Lebenslagen, Berlin, Ullstein 2008

Winter-Froemel, Esme, Artikel ‹Wortspiel› in: Historisches Wörterbuch der Rhetorik, Herausgegeben von Gerd Ueding, Band 9, St–Z, Tübingen, Niemeyer 2009

Yavetz, Zvi, Erinnerungen an Czernowitz. Wo Menschen und Bücher lebten, München, C.H.Beck 2007

Aus dem Verlagsprogramm

Hans-Martin Gauger bei C.H.Beck

Das Feuchte und das Schmutzige
Kleine Linguistik der vulgären Sprache
2013. 283 Seiten. Paperback
Beck'sche Reihe Band 6038

Wenn wir Deutschen beleidigen, fluchen und überhaupt vulgär werden, verwenden wir normalerweise Ausdrücke, die sich auf Exkrementelles beziehen, während unsere Nachbarsprachen zu diesem Zweck fast immer ins Sexuelle gehen. Anhand einer überwältigenden Fülle an Beispielen aus über einem Dutzend Sprachen widmet sich Hans-Martin Gauger dem Thema mit Witz und Scharfsinn. Der Leser wird gut unterhalten, erfährt viel Wissenswertes über Europas Sprachen – und darüber, wie man sprachlich korrekt multilingual beleidigt und flucht.

Das ist bei uns nicht Ouzo
Sprachwitze
2. Auflage 2007. 144 Seiten. Paperback
Beck'sche Reihe Band 1679

Sofern Sprachwitze mit Gleichklängen arbeiten, sind sie im strengen Sinn Kalauer. Diese Witze gelten einerseits als «doof», bringen uns andererseits aber doch zum Lachen. Andere Sprachwitze machen sich Ironie, Übertreibungen, Doppelsinn oder Stilbrüche zunutze. In diesem Band wurden klassische und neue Sprachwitze gesammelt. Ein Nachwort analysiert die grammatisch-rhetorischen Techniken der Witze und versucht, begriffliche Klarheit zu schaffen.

Sprache und Unterhaltung

Joseph Klatzmann
Jüdischer Witz und Humor
Aus dem Französischen von Thomas Schultz
2011. 126 Seiten. Paperback. Beck'sche Reihe Band 1952

Adam Fletcher
Wie man Deutscher wird in 50 einfachen Schritten /
How to be German in 50 easy steps
Zweisprachiges Wendebuch Deutsch/Englisch
Eine Anleitung von Apfelsaftschorle bis Tschüss /
A guide from Apfelsaftschorle to Tschüss
Mit 50 Illustrationen von Robert M. Schöne. Aus dem Englischen
von Ingo Herzke. 6. Auflage. 2014. 144 Seiten. Broschiert.
Beck Paperback Band 6103

Hans Ulrich Schmid
Bairisch
Das Wichtigste in Kürze
2012. 255 Seiten mit 10 Abbildungen. Paperback.
Beck'sche Reihe Band 6067

Heike Wiese
Kiezdeutsch
Ein neuer Dialekt entsteht
2., durchgesehene Auflage. 2012. 280 Seiten mit 18 Abbildungen.
Paperback. Beck'sche Reihe Band 6034

PaTrick Bahners
Entenhausen
Die ganze Wahrheit
4. Auflage. 2014. 208 Seiten mit 115 Abbildungen und einer Karte.
Halbleinen